戦前まで遊廓が置かれ、
戦後は赤線の町になった金沢・石坂の飲食店に残る装飾（2000年２月撮影）

戦前までは大遊廓、戦後は赤線の町になった大森町に近い、
函館・松風町の飲み屋横丁（2000年10月撮影）

松風町の手前にあって函館駅にも近い若松町の盛り場「セキセン」。
その中心に位置していた「五百円街」と呼ばれた通り（2000年10月撮影）

戦前から私娼の町だった青森・古川の
盛り場に残されていた風俗店の看板（2000年10月撮影）

同じく青森・古川の盛り場にあった風俗店。
敷地は現在、駐車場になっている（2000年10月撮影）

青森・古川に今も残る「第三新興街」。
これは二列になっている飲み屋小路のうちの一つ（2000年10月撮影）

ＪＲ富山駅前からすぐのところにあったＬ字型の横丁。
成人映画専門の「富山駅前シネマ」と
お稲荷さんが仲良く隣り合っていた（2001年10月撮影）

かつて遊廓が置かれていた鹿児島・甲突町の一画。
赤線時代のものらしい建物とラブホテルが隣接し、
すぐ左手には四軒からなるソープ街がある（2000年９月撮影）

遊廓が置かれていた中島町にほど近い、旭川・中常盤町のスタンド・バー。
積雪に備え、入り口が高い位置に設けられている（2003年9月撮影）

その昔「屋台団地」があった札幌・すすきの南五条西五丁目界隈は、
風俗店が特に密集する目抜きの通りになっている（2000年11月撮影）

お天気
お姉さん
1F
AVヘルス
亀やめぴょん
ヤミツキ御免
1F
カリペロ

戦前までは遊廓、戦後は赤線の町だった
大和郡山・東岡町に残されていたかつての妓楼（1997年9月撮影）

金沢・石坂の路地と、
広い間口を持ち繊細な装飾が施された建物
(2000年2月撮影)

戦前は京都市内で最大の遊廓、戦後は赤線、売春防止法施行後は
大衆的なお茶屋街「五条楽園」に変化していった高瀬川沿いの町
（1996年12月撮影）

五条楽園の一画にあった「高瀬川会館」。
戦前のものと思われる建物に飲食店が多数入居していた（1996年12月撮影）

松山・道後温泉に置かれていた「松ヶ枝遊廓」跡の通りは、
「ネオン坂」という名の飲食店街になっている（2000年３月撮影）

ちくま文庫

消えた赤線放浪記

その色町の今は……

木村聡

筑摩書房

はじめに

「赤線」とは、戦後間もない昭和二十一年から昭和三十三年にかけて、日本中のいたるところに普通にあった、「女性のいる町」のことだった。それまであった「遊廓」がGHQの手によって解体され、いったん公娼制度はなくなったものの、終戦後の混乱期、集娼の必要を感じた政府はGHQの了承を取りつけて、再び公娼地帯を定めることになった。その俗称が赤線であり、名前の由来については、警察が地図上の営業許可区域を赤い線で囲ったためとする説や、英語の「レッドライン」が直訳されて広まった、など諸説があるようだ。

戦後になってつくられた赤線の建物は、建前上の業種が「カフェー」や「特殊飲食店」「特殊喫茶」「料理店」といった飲食店だったこともあって、急造ながら明るい洋風の外観をそなえていることが多かった。そこで働く女性たちも、特に都市部では前借金を背負うことなくアルバイト的に足を踏み入れるケースが増えていた。その結果、赤線という言葉は一人歩きをして、終戦後の開放的で刹那的な社会現象の象徴として語られたりもした。誤解をおそれずにいえば、「最後の公娼制度」として復興期のエネルギーの受け皿になったことも、またたしかだった。

これまでの拙著が主に赤線の時代までを扱ったのに対して、本書は「赤線後」の時代を中心に稿を進めている。売春防止法が施行されて間もない昭和三十年代の混沌とした時代から、ソープランドが伸張していく昭和四十年代、五十年代。ファッション・ヘルスをはじめとして「ニュー風俗」が次々に登場してくる昭和六十年代から平成の時代まで。性に関する風俗の変遷は目まぐるしいというほかない。今ある業種にしたところで、遊廓や赤線と同じように間違いなく過去のものになるわけである。そう考えると、今これらを記録しておくことも、あながち無意味ではないように思われる。

わけても興味深いのは、各地の遊廓跡や赤線跡で見られる、その後継ともいえる風俗の数々だろうか。遊廓や赤線そのままの場合もあれば、サロンなど飲食店のかたちをとったもの、女性とホテルに同伴できるスナックというように、さまざまな業態を取りながら色町の名残を留めていることがある。そういった場所が「裏風俗」と呼ばれるようになって、若い世代の関心を集めているとも聞く。

本書には五十人近い「女性」が登場してくる。このことに関して、違和感を感じる方もおられることだろう。あるいはまた、驚きとともに歓迎されるかもしれない。判断は読者の皆様にゆだねるしかないのだけれど、ひとつ言い訳をするとすれば、同じ遊興とはいえ〝取材〟をともなったものの場合、それはもう八割方、苦しみの方が勝っていたということである。ほとんどは一度だけの出会いであり、個室の中でともに過ごした時間もほんのわずかだが、断片をつむいでいくことによって、こういった世界で働く女性たちの気質なり、境遇なりをお伝えできるのではないかと考えている。隔靴搔痒感があるとしたら、それは筆者の力不足である。また、文章のつたなさ、まわりくどさにも、何とぞ目をつぶっていただきたいと思う。

目次

【東北】

【関東】

【北陸・中部】

【近畿】

【中国・四国】

【九州】

本文・口絵写真　木村聡

消えた赤線放浪記

その色町の今は……

北海道

函館・大森町のスナック街

［北海道旭川市］

旭川

旭川は氷点下四〇度を記録したこともある極寒の町である一方、北海道で二番目に人口の多い、ちょっとした大都市でもある。市街は三本の川にはさまれた中洲のような平坦な土地に広がり、JR旭川駅を中心として、碁盤の目のように整然と区分けされている。

『旭川市史』（旭川市役所・昭和三十四年）によれば、昭和三十三年に売春防止法が施行される直前、市内には四カ所の特飲街（特殊飲食店街＝赤線）があった。戦前まで遊廓が置かれていた「中島《なかしま》地区」。八条通七丁目にあったため「ハチナナ」と呼ばれた「中央地区」。旭川四条駅に近い「二条地区」。そして「旭町地区」がそれで、最後まで残った業者は合わせて五十七軒。旅館三十軒、料理店十一軒、カフェー三軒、金融業二軒、自転車店一軒、すし屋一軒、未定及び転出九軒と、正確な転業の記録も残されている。

稲荷小路と中島遊廓跡

旭川の駅前に着いたのは、もう夕方に近い時間だった。雲が低くたれこめ、風も強く、今にも降りだしそうな空模様だったけれど、こちらは「サンロク」と呼ばれる現在の盛り場と、赤線があったとされる「ハチナナ」という場所だけでも、その日のうちに見ておきたいと思った。歩く距離はやや長めになってしまうが、旭川の市街は北海道のほかの都市と同様、町名が「条」と「丁目」で表記されるので、道に迷う心配はなさそうである。

駅前の一条通を渡り、正面に延びる「買物公園通」と名づけられた七丁目の通りに入ってみると、広い道路の中央が公園風の舗道になっている。丸井今井や西武といったデパートも並び、買物客がひんぱんに行き交っている。おそらくはこのあたりが、旭川でも目抜きのショッピング街なのだろう。

サンロクというのは三条通六丁目のことで、二条通を過ぎ、三条通が近づくにつれて、なるほど盛り場らしい雰囲気になってくる。映画館がいくつもある通りを歩いてみると、飲食店だけでなく、ファッション・ヘルスと思われる風俗店の看板も目に入ってくる。風俗盛り場は三条通六丁目だけでなく、周辺の広い範囲にまたがっているようだった。風俗店の数などをざっとたしかめたところで買物公園通に戻り、次の目的地であるハチナナに向かうことにした。

四条通、五条通、六条通、七条通ときて、やがて八条通。道路の中央が公園風になっていることに変わりはないが、ここまでくると左右の店も途切れがちになり、歩いている人の姿もまばらになってくる。街灯に灯りがついて、あたりは一気に暗くなりかけてくる。八条通を渡れば、その先の左側のブロックが町名でいうと八条通七丁目、すなわちハチナナだから、赤線の跡があるとすれば、すぐそばまで来ていることになる。

八条通七丁目に入り、できるだけ周囲に注意を払いながら歩いてみた。しかし、戦後二十六軒の店があったというハチナナらしきものは現れない。買物公園通をはずれると、とたんに暗がりのような場所が増えてくる。

ギックリ腰を経験して以来、長い距離を歩くのが苦手になってきているこちらは、腰の痛みに加えて荷物の重さも気になってきた。気がつくと駅を出てから二時間近く、休みなしに歩いていることになる。ひとまずタクシーでも拾ってホテルに落ち着こうと考えた、ちょうどそのときである。たまたま見落としていた路地の入り口に、若い女性が立っているのが見えた。飲み屋の女性が客を引いているようにも見える。

近づくと、なぜか逃げるようにして女性は引っ込んでしまったのだが、路地をのぞくとそこは飲み屋街で、古びたスナックや小料理屋が十軒ばかり、奥に向かって並んでいるのが見える。わずかながら灯りがついている店もある。先ほどの女性はどこかへ姿を消してしまったようだった。

路地に入ってみると、中ほどに小さなお稲荷さんがあった。お稲荷さんの脇に人一人がかろうじて通れる程度の通路があり、その先にも店らしいものが見えたので一応入っていくと、思ったよりも奥行きがあって、そこにも同じようなスナックが四、五軒並ん

赤線だった頃は「ハチナナ」、その後「稲荷小路」と呼ばれた飲み屋街に今も残るお稲荷さん

でいる。

昭和四十年代に発行された『月刊宝石』の記事の中に、「ついに完全復活！　新赤線地帯の現場検証」と題する各地の風俗に関する特集があり、旭川編ではハチナナと思われる飲み屋街が「赤線の面影を残すピンクゾーン」として取り上げられている。「稲荷小路」と呼ばれ、飲み屋街の目印はお稲荷さんと鳥居だったというから、この路地のことを指しているとみて間違いなさそうである。

とりあえずその日の目的を果たしたこちらは、予約しておいたビジネスホテルにたどり着き、近くの食堂で遅い夕食をとった。


翌日は雨まじりの一日だった。東京ではシャツ一枚でも暑いくらいだったが、こちらでは上着がほしくなる。昨日と同じようにサンロク、ハチナナと見て歩き、市街の最北にあたる九条通にある町のシンボル、「ロータリータワー」のまわりを半周するようにして通り過ぎると、その先にある中常盤町という町へ行き着く。ここまで来るとすっかり住宅街に変わり、舗道にはナナカマドの並木が続くようになる。ところがそんな通りに面して、スタンド・バー風の店ばかり入った木造の古い建物がひと棟、ぽつんと取り残されたようになっている。隣にはこれも周囲の風景には似つかわしくない、真新しいラブホテルが建っている。道路の向かい側がバス停だったのでベンチを借りて休憩を取っていると、ラブホテルの玄関の前にクルマがたびたび停まることに気がついた。決まって派手な服装をした若い女性が送られてきては、一人でホテルに入っていく。あとで聞いたところによれば、もっぱら「デリヘル」を利用する客が使うホテルということだった。デリヘルというのは「デリバリー・ヘルス」の略で、風俗営業の許可を取りさえすれば新規参入が可能なため、とくに地方では性風俗の中心になりつつある「無店舗型」の風俗店のことである。赤線があったハチナナからそれほど離れていない場所でもあるし、このあたりも昔は色町の続きで、私娼が出入りする旅館などがあった通りなのかもしれない。

ここまでくれば、かつて遊廓が置かれていた「中島地区」までもそれほどの距離ではない。アイヌの言葉で「鹿のひづめの跡の多い川」という意味の牛朱別川《うしゅべつがわ》を渡ると、まもなく見えてくる十字路が、住所によれば遊廓の入口の大門《おおもん》があったところらしい。『旭川市史』には、八ページにわたって市内の遊廓の盛衰を追った見事な記述がある。

明治三十年ごろ、遊廓はまず市の西郊曙町に定められたが、洪水に見舞われることが多く移転の話が持ち上がった。当時旭川は陸軍の師団が置かれていた軍都で、兵営に近い中島地区が候補に上がったが、文教地区でもあったため町長をはじめとする有志が反対して鋭く対立。中央にまで陳情を重ねた結果、全国紙をにぎわす論争に発展した。とくに『東京日日新聞』は「軍隊と公娼」と題する社説をかかげたほか、連日論陣を張ったという。最終的に反対派の意見は退けられて移転が決まり、明治四十年には「中島遊廓」として営業が始まったのだが、その後、大阪の「飛田遊廓」をはじめとして次々に起きた、遊廓の新設や移転に対する反対運動のテストケースとして、また軍と慰安施設の関連という側面からみても、後々まで語り継がれる出来事だったようである。

中島遊廓には全盛期、三十数軒に二百人の女性がいたとされ、戦後はいわゆる赤線に移行。売春防止法施行直前の昭和三十二年にも、十八軒に五十五人の女性が残っていたとのことである。そのころの写真を見ると、店は遊廓の時代から引き継がれた総二階の大きな木造家屋ばかりだが、さすがに老朽化しているように見える。遊廓があったとされる二百メートル四方ほどの区域をひととおり歩いてみたものの、妓楼と思われるような建物は見当たらず、飲み屋街や旅館はもとより、飲食店のたぐいもほとんど見られない。街路はここでも碁盤の目のように区切られており、事情を知らないかぎりは郊外の新興住宅地といったところである。

三日目。ビジネスホテルをチェックアウトしたこちらが最後に向かったのは、昨日、中常盤町で見たラブホテルだった。

鍵を受け取って部屋に入ると、デリヘルの広告が載った地元のタウン誌が二種類用意されていて、手ぶらで行っても女性を呼ぶことができるようになっていた。適当な店に電話すると、部屋に来たのは三十歳を過ぎた地元の女性だった。離婚して子供を引き取ってから看護師の仕事をやめて、もう二年ほどデリヘルで働いていると話してくれた。〝デリヘル嬢〟にしてはトウの立ったタイプだが、こちらにしても似たようなものである。広い浴室で大きな風呂につかると、腰の痛みもいくらかは和らいでいくような気がした。（二〇〇三年九月）

ハチナナまではＪＲ旭川駅から徒歩20分。中常盤町まではさらに10分。デリヘルの料金は80分1万6千円。ほかにホテル代が4千円ほど。

［北海道釧路市］

釧路

『新釧路市史』（釧路市・昭和四十七年）によれば、市街の南のはずれにあたる米町《よねまち》に遊廓が置かれたのは明治三十三年。弁天ヶ浜の海を背にした高台に十二軒の妓楼が建てられ、九十人の女性がいた。大正中期に全盛期を迎え、そのころ妓楼十九軒に二百二十人。〈鮪景気の漁夫、枕木景気のやまご、輸出ブームの仲士、建設ブームの大工や職人、土工でにぎわった〉とある。

昭和初期の不況の時代や太平洋戦争を経て、戦後はいわゆる赤線に移行。店の数は三十一軒に増えて、木造二階建ての妓楼が軒を連ねる遊廓時代からの町並みもそのままに、売春防止法が施行されるまで営業が続けられたという。現在、米町遊廓の跡地は住宅街になっている。

カモメが舞う米町遊廓跡へ

釧路に着いて、駅のそばにあるビジネスホテルで旅装を解いたこちらは、何はともあれ遊廓があった米町まで行ってみることにした。駅を背にしてまっすぐに延びる目抜き通りを二十分ほど歩くと、釧路川の河口にかかる「幣舞橋《ぬさまい》」という橋に出る。橋は全長二百メートルほどあり、右手には釧路港が広がっている。

川を境に地形は複雑になり、それまでのような北海道特有の碁盤の目のような街路というわけにはいかなくなってくる。幣舞橋を渡りきった正面は高台になっていて、ここで道がいくつかに分かれる。米町に通じる道路は高台を迂回する右手の一段低い道で、店はまばらながら一応商店街になっている。「啄木通り」と名づけられ、電柱にはおなじみの顔写真をかたどったレリーフが埋め込まれていた。

釧路港を見渡す位置に啄木の歌碑が建つ米町公園を通り過ぎると、町名が米町に変わり、道が左にカーブするようになってくる。「厳島神社」という神社に続いて、石造りの立派な山門を持つ寺が三つも続き、やがて米町三丁目。ここから道はいくぶん上り坂になって、右手に米町交番という無人の交番が見えてくる。そして四丁目に入り、さらに坂を上っていくと、フッと前方にあるはずの道が消えてしまう。正面は断崖のようになった弁天ヶ浜という海で、道は海に突き当たるかたちで唐突に終わる。あらかじめ予備知識があったとはいえ、あまり見たことのない道路の有様であり、異様といわざるをえない風景である。

「米町遊廓」の中心はこの米町四丁目で、一部が三丁目にもまたがっていたという。名残が全く残っていないのは市有地だったためで、十年ほど前に起きた「釧路沖地震」のあと、分譲住宅地として整備されて一斉に売り出されたということである。たしかに四丁目は全域にわたって、同じ時期に建てられたと思われる新築の一軒家でうめつくされている。

昭和四十九年発行の『北海道遊里史考』（小寺平吉著／北書房）には、そのころ著者が撮影した米町遊廓の写真が掲載されているが、妓楼だった木造の建物がまだぎっしりと並んでおり、旅館の看板を掲げているものもある。いずれも総二階造りで板張り、ストーブの煙突らしきものが何本も突き出しているのがわかる。また、昭和五十六年発行の労作『北風に遊女哀歌を聴いた』（川嶋康男著／総北海出版）にも、元は「日進楼」という妓楼で、その後「たかの旅館」という旅館になっていた建物の写真が載っている。奥行きのある唐破風屋根の玄関が特徴で、すぐそばに遊廓の入口の大門《おおもん》があったという。たかの旅館以外にもその当時、米町には妓楼の遺構が数多く残っていたということである。

弁天ヶ浜に近いバスの終点で時間調整をしていた運転手さんに聞くと、七、八年前までは、まだたかの旅館の建物が残っていたといい、取り壊されるさいには玄関の屋根を保存しようという話が持ち上がったらしい。結局は実現しなかったようだが、米町三丁目の今は米屋のあるあたりだったというから、先ほど通り過ぎた交番の斜め向かいにあたる。米町交番は遊廓が整備されたころ、楼主たちが請願してできたもので、娼妓の外出を管理したり逃亡を防ぐ役割も担っていたというのだが、皮肉なことに遊廓があったことを知らせるものは、今はもうこの交番の存在くらいになってしまったわけである。
海辺の風景を撮影してから、バスに乗って駅前に戻った。

その晩、いざ寝ようとして気になったのは、窓の外から聞こえてくる犬の悲鳴のような声だった。それもさかりがついたときのような、長く尾を引くけたたましいものである。朝起きてみると、また同じ声が聞こえてくる。そしてようやく思い当たったのは、声の主がカモメではないかということだった。駅から港までは二キロ近くあるのだが、カモメはこのあたりまでやって来て巣でも作っているらしかった。観光案内のパンフレットには、釧路のカモメは同じ種類でも、ほかの地方とくらべて体が大きく堂々としていると書かれている。

昨日すでに米町の遊廓の跡を見てしまい、何かもう仕事をし終えたような気分になっていたこちらは、ひと晩寝ても疲れが取れないこともあり、昼過ぎまでホテルのそばにあるファーストフードの店でぐずぐずしていたのだが、ようやく意を決して、釧路川沿いにあるらしい盛り場まで行ってみることにした。

幣舞橋の手前で左に折れてから川に沿って少し行くと、デパートの裏手にあたる広い範囲が飲み屋街になっていた。大衆的な店が多く、何重にも連なる飲み屋小路や二階建ての飲み屋会館のような建物は、どれも年月を経たものばかりである。釧路が〝発祥の

かつて遊廓が置かれていた米町四丁目。
通りはまもなく「弁天ヶ浜」の海に突き当たる

盛り場の一画に廃業したソープランドの建物が残されていた

地〟とされている炉ばた焼の店も方々にある。そんな中に、決まって垢抜けない原色の看板を掲げている風俗店はピンサロだろうか。町のあちらこちらに十数軒も点在している。ソープランドも二軒あるが、そのうち「釧路コルト」という名前の店は休業しているように見えた。ほかに業種のわからないような店が何軒もあり、あとでたしかめてみると、カーテンで仕切られた簡単な個室の中で女性がサービスをする、「本サロ」（本番サロン）的な店だった。

盛り場は町名でいうと末広町から栄町にかけて広がっている。かつて釧路には「橋北」「橋南」と呼ばれた二つの花柳界が存在し、橋北は末広町にあったという。昭和三十年発行の『全国女性街ガイド』（渡辺寛著／季節風書店）によれば、七十人の芸妓がいて、十軒の料亭を出先にしていたとある。しかし何ぶんにも半世紀も前の話であり、料亭など当時の名残が見当たらないのは無理からぬ話である。橋南の方は幣舞橋を渡った高台の浦見町にあり、芸妓が二十人と書かれている。

炉ばた焼屋で軽く飲んだ帰り、末広町の個室サービスの店でこちらが会ったのは、体格の立派な若い女性だった。旅行者だというと親切に市場などの観光スポットを教えてくれた。本人はしきりに太りすぎを気にしていたが、釧路のカモメもそうだったように、おおらかで健康優良児的な女の子だと思ったものである。（二〇〇四年十月）

米町遊廓の跡地まではＪＲ釧路駅から徒歩1時間。バスで15分。
本サロの料金は1万円＋女性のドリンク代2千円から3千円（30分）。

［北海道帯広市］

帯広

戦前までの帯広の遊廓については、昭和五年に発行された『全国遊廓案内』（日本遊覧社）に、〈現在は遊廓の貸座敷（妓楼）は約八軒。娼妓は四十人位おり、青森及び北海道の女が多い。店は写真制、東京式廻し制で通し花制ではない〉という記述がある。「写真制」というのは客が娼妓を選ぶ方法のことで、顔見せをしている娼妓をじかに選ぶのではなく、写真を見て選ぶことを指している。また「廻し」とは、娼妓がひと晩に複数の泊まり客を取って、順ぐりに客の部屋を回ることを意味していた。

戦後の赤線時代については『全国女性街ガイド』が、〈赤線は西二条通りから左に入った十勝川と帯広川にはさまれたところに十五軒ほどあるが、それよりも駅に近い飲み屋街百軒ほどの巷の青線が流行っている〉と、当時の様相を簡単に伝えている。

飲み屋小路の女性街跡

釧路から帯広までは根室本線の特急で約一時間半。その間の停車駅は白糠と池田の二つだけで、港町だった釧路から、列車は十勝地方の内陸部に入っていく。特急は一日に七本出ており、終点はいずれも札幌となっている。

『帯広市史』には遊廓関連の記述がなく、前項の釧路で参考にさせていただいた北海道の遊里史に関する二冊の本も、帯広については章を割いていない。『全国遊廓案内』にも遊廓があった場所についての記述はないから、さしあたって頼りになるのは、『全国女性街ガイド』に書かれている、戦後に赤線があったとされる場所だけということになる。

帯広の駅前一帯は再開発されたとみえて、駅も新しく大きければ、駅前広場からバス乗り場にかけてもいやに広くつくられている。駅の建物を出て向かい側の商店街まで行き着くには、ざっと二百メートルほど歩く必要がある。その駅前広場を囲むようにして新築のビジネスホテルが七、八軒建っていて、そのどれかに泊まろうとしたのだが、どこも満員で一軒残らず見事に断られてしまった。こういったホテルは団体旅行やパック旅行で成り立っていることが多いので、日によってはこんなことも珍しくない。駅からやや離れた九軒目のホテルでようやく空き部屋を見つけたのはいいが、気がつくとホテル探しだけで二時間かかってしまい、その間ほとんど休みなく歩いていたことになる。赤線の跡を探すのは明日にして、その日は駅から近い盛り場を見て回ることにした。

帯広も釧路や旭川と同じように、街路は碁盤の目のように「条」と「丁目」で区分されている。駅前広場から南北に延びる四本の通りは、「大通り」「西一条通」「西二条通」

「西三条通」と名づけられ、それらの中間にもやや細い通りが延びていて、それぞれに愛称が付けられている。盛り場になっているのはそういった愛称の付いた通りで、とくに「名門通」の八丁目から九丁目にかけては、風俗店の多い一画がある。それほど広くない範囲にピンサロが何軒もあり、ほかにキャバクラを少しくだけさせたような時間制の店がいくつかあった。派手な看板は少なく、風俗街にしては薄暗い通りだが、よく見るとピンサロだけで十二、三軒もあるようだった。夜になると呼び込みが立つようになり、しつこく付きまとわれることはないものの、二、三度通ると顔を覚えられてしまうので、なんとなく歩くのが気恥かしくなってくる。

そんな通りに隣接してひときわにぎわっていたのが、屋台式の店が十軒ほど集まった一画だった。屋台といってもリヤカーで移動するようなものではなく、ガスや水道も引かれているので本格的な料理を出すことができる。「北の屋台」と名づけられ、町おこしのためにはじめられたものだといい、全国に広まっている屋台ブームのさきがけになったともいう。透明なビニールで風囲いされた店の中は明るく、華やいだ雰囲気で、若いサラリーマンやOL、学生らがすずなりになっている。この一画が光だとすれば、呼び込みの並ぶ薄暗い通りは対照的に影のような存在である。一応隣どうしではあるものの、両者はなんとなく、互いに見て見ぬふりをしているようにみえた。

翌日、いったんホテルをチェックアウトしてから、別のホテルを予約して宿を確保したこちらは、『全国女性街ガイド』に出てくる赤線の跡をたしかめてみることにした。「平原《へいげん》通り」という名前の付いている西二条通を北に向かってどこまでも進んでいくと、駅から一・五キロほどで「帯広川」というさほど川幅の広くない川に出る。記述ではこの川を渡った先の左側ということになっているのだが、橋の向こう側は文字どおり平原を切りひらいたような郊外の風景が広がるばかりで、駅からは離れる一方だし、とても赤線があったようには思えない。

ホテルまでの帰途、帯広川を渡ってから、往きとは違う道を歩いてみると、意外だったのは裏道のような通りなのに、飲み屋小路がいくつもあったことである。どれも二階建ての長屋が向き合ったようなつくりで、入口に小路の名前を掲げたアーチが設けられているものもある。ひとつずつ覗き込みながら歩いているうちに、それまでとはやや雰囲気のちがう飲み屋小路に行き着いた。これまで見てきた店が、まがりなりにも飲み屋らしい体裁をととのえていたのに対して、ここにある店は幅の狭いペンキ塗りのドアといい、木の枠にガラスのはめ込まれた小さな窓といい、まるで戦後の物資の少ない時代に建てられたような店がまえのものばかりである。看板が残されているものもあるが、大部分は相当昔に廃業したとみえて、廃屋のようになっている。ところがそんな建物の中に、「十八歳未満の方は午後十一時以降日の出まで出入り禁止」とか「営業時間は午前二時まで」といった、条例か何かを意識したようなプレートの残っているものがずい

駅前から続く盛り場の最も奥にあった飲み屋小路。
どの店も廃業しているように見えた

くろゆり
風俗営業取締法等施行
条例の規定に依り十八才
未満の方の出入をお断りします
店主
当店の営業時間は
午前二時まで
(御協力お願い致します)
引く
PULL
飲み屋小路の中にある「くろゆり」という店も営業していないようだった

ぶんある。『全国女性街ガイド』に記されている場所なのかどうかは別として、ある時期まで何かしら色町めいた一画だったような、そんな気がした。

駅前にある「元祖豚丼」というのれんを出している店で夕食をすませてからコンビニに立ち寄ると、旭川にもあったような、デリヘルの広告がほとんどを占めるタウン誌が置いてある。ホテルに戻り、「地元出身の女性」とだけ注文をつけて適当な店に電話してみた。ホテルは部外者でも部屋まで入ることができるようなところをあらかじめ選んである。

二十分ほどでドアがノックされた。

現れたのは、赤いニットのワンピースにフード付きの灰色のトレーナーをはおった、十代の後半くらいにしか見えない女の子である。地元出身だというので「帯広っ子か」と聞くと、「十勝っ子」だという。実家は帯広からバスで一時間ほどの内陸部にあるらしい。半年前に今の彼氏と付き合いはじめたころから、その彼氏公認でこの仕事をはじめたというが、よく聞くと男の職業はホストで、同じ場所に入れたという輪っかのようなタトゥーが二の腕にある。高校を中退してからほとんどぶらぶらしていたが、初めて長続きした仕事がデリヘルだったと、腕のタトゥーを見せながら目を輝かせて話すのだった。（二〇〇四年十月）

盛り場のある名門通南九丁目まではＪＲ帯広駅から徒歩10分。

デリヘルの料金は60分9千円、90分1万4千円、１２０分1万9千円（＋交通費1千円）。

［北海道札幌市］

札幌・月寒

札幌の盛り場といえば周知のとおり、JR札幌駅から地下鉄でふた駅目のところにあるすすきの。元は明治初期の開拓期にいち早くひらかれた「薄野遊廓」のあった場所だった。遊廓は、南四条から五条、西三丁目から四丁目にまたがっていたというから、現在のすすきのの入り口付近にあたる。二百メートル四方ほどの敷地を持ち、明治末年には約三十軒の妓楼に三百人以上の女性がいた。その後、遊廓は市内を避けて移転。大正九年ごろ、通称「白石遊廓」と呼ばれる新開地が現在の菊水地区につくられ、昭和三十三年の売春防止法施行まで営業を続けた。遊廓が移転したあとも盛り場だったすすきのには、昭和四十年代の後半にソープランドの出店ラッシュが起こり、現在は約四十軒のソープランドと百三十軒のファッション・ヘルスが営業している。

遊廓や赤線以外にも、札幌にはいくつかの色町があった。まずは郊外の月寒を訪ねて、現況をたしかめてみることにしよう。

ツキサップの夜は更けて

月寒はアイヌの言葉でいうと「ツキサップ」。すすきの交差点から国道36号線を南東に五キロほど下ったところにある郊外の住宅地だ。赤線時代の昭和三十年に発行された『全国女性街ガイド』にも、月寒の話が少しだけ出てくる。それによれば公に認められた場所ではなく、当時札幌にいくつかあった青線的な色町のひとつだったらしい。月寒は終戦までは陸軍の兵営の置かれていた場所であり、現在は自衛隊の駐屯地がある。また、戦前から広大な農業試験場があった。

ところで、このところ立て続けに出版されている「裏風俗」を特集したムック本をみていると、この郊外の町にも何軒かの風俗店があるらしく、体験ルポ付きの記事を目にすることがある。すすきののホテルに滞在していたこちらは、地下鉄東豊線を利用して月寒まで足を延ばしてみることにした。

ムック本の体験ルポにしたがい、うしろ寄りの出口から地上に出たものの、あたりは薄暗く、周囲に盛り場のネオンのようなものは見当たらない。雪に足を取られながら国道36号線をすすきのに戻る方向に歩いていくと、まもなく右手に路地が開けて、一本の飲み屋街が現れた。スナックや小料理屋の看板には早くも灯りがともり、店は途切れることなく奥まで続いている。時間が早いせいかまだ酔客などの姿はなく、通りはひっそりとしている。

路地に入ってひと回りしてみたところ、飲み屋があるのは路地の左右と突き当たりの一画だけにかぎられており、風俗店も何軒かある。飲み屋も風俗店も案外こざっぱりとしていて、とくにうらぶれた様子ではない。地元の人たちが利用する庶民的な飲み屋横丁といったところである。周辺は静かな住宅街で、ぽつりぽつりと商店の灯りが見える程度。

風俗店の中に営業中らしいものがあったので覗き込むようにしていると、入口の脇のビニールで囲ってあるところから、突然男が出てきた。どうやらむこうは、さっきからこちらの行動の一部始終を見ていたらしい。ビニールの囲いは呼び込みのための簡単な風よけ小屋というわけである。お互いに気まずい雰囲気だったが、ともあれ料金を尋ねてみると、

「四十分だと六千五百円。八十分だと、今ならまだ一万二千円ですけど……」

と、あいまいな口調で答える。こちらはひげ面だし、時間もまだ早いし、珍客の来訪に戸惑っているようにも見える。それにしても、四十分か八十分か、どちらかを選べというのもこういう店としては変わっている。サービスの内容については、はっきりとは答えずに、「八十分の方が面白いですよ」というような言い方をしてくる。

八十分に決めると男はようやくドアを開けてくれた。

店の中は意外にも明るく、丸太を組んだログハウス調のつくりになっていて、吹き抜けの天井などにしてもおよそ風俗店という感じがしない。おそらく前は何か別の飲食店だったものを、居抜きで使っているのだろう。それでも壁ぎわには、客と女性が密着して座れるような、ピンサロ式の中途半端な大きさのソファーがいくつも並んでいる。客

は今のところ、こちらのほかには誰もいないようだった。

従業員に案内されてソファーに落ち着くと、すぐに有線放送の軽い音楽が流れはじめた。続いて「○○さん、○○テーブルへ」といった、これもピンサロ式のアナウンスが聞こえてくる。まもなく現れた女性は男物のワイシャツをラフにはおり、下半身は下着だけというスタイルで、短いながらむっちりとした太腿をあらわにさせている。年齢は三十代の半ばくらいだろうか。「どっこいしょ」といって席に着くと、まずこちらにだけ注文した飲み物とグラスが運ばれてきた。

「お客さん、今日の第一号ですよ。この店初めてでしょ。ここらへんの人には見えねぇもんな」

「ちょっと人に聞いてね。すすきののソープランドばかりじゃ飽きちゃうからね。お姉さん、もしかして青森?」

方言に聞き覚えがあったのでそういってみると、

「ピンポーン、八戸でーす」

といって相好をくずす。女の子を〝チェンジ〟することもできるので遠慮するなということだったが、その必要はないというと、一瞬緊張した顔が再びゆるんだ。ここで初めて彼女にもグラスが用意され、乾杯してから、しばらくは世間話ということになった。

名前は「しのぶ」さんといって、年齢は自称二十八歳。以前は美容師だったが、この

「月寒中央」の駅を出て国道36号線を少し歩くと、
右手に庶民的な雰囲気の飲み屋街が現れる

店でアルバイトをするようになってからやめてしまい、今は店のすぐ近くにマンションを借りて住んでいる。「家にいても退屈なので」ほとんど毎日店に出るようになって、もう七、八年になるということだった。もっとも、店の女性の中には、彼女よりもさらに前から勤めているベテランもいるらしい。気になっていた八十分という長いプレイ時間について聞いてみると、途中で指名が入らないかぎりは付きっきりでサービスするから安心しろという。

やがて彼女は立ち上がると、「じゃあ、こっちでね」と、席を移るように促してくる。フロアーの奥まで行くと、カーテンの引かれた個室風のものがいくつも並んでいる。中はままごとでもするような狭い正方形のスペースで、座布団が四枚、隙間なく敷いてある。靴を脱いで上がると、続いてしのぶさんも入ってきた。

地方の盛り場を歩いていると、こういった形式の店に行き当たることがよくある。かつての青線は一階の飲み屋で交渉してから階段を上って二階へ、というスタイルだったようだが、今はあまり見られず、このような「本サロ」（本番サロン）のかたちで青線が生き延びていることが多い。（二〇〇〇年十二月）

月寒までは地下鉄東豊線で豊水すすきの駅から4駅、15分くらい。飲み屋街までは歩いて5分程度。料金は本文のとおり。「しのぶ」さんによれば、風俗店はどの店も明朗料金とのこと。

［北海道札幌市］

札幌・南六条東三丁目

札幌の「裏風俗」として月寒と同様、ムック本などによく取り上げられているのが、すすきのの東側を流れる豊平川の手前に点在する「連れ出しスナック」である。このあたりまで来るとすすきのの喧騒もさすがに収まり、閑散とした町の中にはラブホテルや旅館が目立ちはじめる。点在するスナックの前では、夜が更けるにしたがい、女性が通りがかりの客に声をかける光景が見られるようになる。そんな一画の最も奥に、スナックがぎっしりと入居した二階建ての建物が二棟ある。すすきの交差点から歩いて二十分近くかかる町はずれであるにもかかわらず、客足が絶えないほどの人気を集めているらしい。

「屋台団地」の幻影を求めて

スナックが入居している建物については、事前に話を聞いたり体験レポートを読んだりしていたのだが、百聞は一見にしかずというか、実際に行ってみて感じたのは、ずいぶんとまた寂しいところに建っているのだなあということだった。広い道路に面した、冬になったらさぞかし冷たい風が吹きつけてきそうな場所に、あまり色気の感じられない建物が二棟建てられている。近くにはラブホテルが何軒かあった。

建物はいずれも二階建てで、中央に出入り口があり、そこから延びる廊下の左右にスナックが数軒ずつ入居している。二階もそれぞれ同じような構造である。スナックはガラス張りになっているので中の様子を見通すことができる。一人から二人、せいぜい三人程度の女性がいて、それとなく顔見せをしているようだった。

戦後つくられた東京の赤線の中には、大きなアパートを改造して、ひと部屋ごとを店にした急造のものがあったらしい。この建物も、どことなくそれを思わせるようなつくりである。

こちらの目を引いたのは、二階にある店のカウンターで出前らしい丼物を食べていた女性だった。箸を使いながらたまたま顔を上げたときに、廊下を歩いているこちらと目が合った。年齢は二十代の半ばくらい。粒ぞろいとはいえない女性たちの中で、ちょっと目立つ美人でもあったのだ。

店に入ってビールを注文した。店の中にはママさんらしい中年の女性のほかに、全部で三人の女性がいる。ビールをついでくれると、ママさんは当然のことのように、どの女の子が気に入ったかと聞いてくる。

交渉はすぐに成立して、親子丼を少し残してしまった「七海」さんとこちらは、近くのラブホテルへ向かうことになった。女性を口説く必要はなく、客側の見かけの良し悪しなどにも関係なく女性が付き合ってくれるのだから、スナックといっても、いわゆる風俗とそれほどの差はないわけである。

ホテルに入り、ソファーに落ち着くと、七海さんはまずシステムを説明してくれた。三十分、四十五分、六十分のコースのうち、中をとって四十五分にすると、四十五分以上は一緒に風呂に入るのが決まりだからといって、いったん風呂場に向かい、バスタブの栓をひねってから戻ってくる。奥にある風呂場から、かすかに湯の流れる音が聞こえてきた。

「私、本当はこういうところで働きたくはないの。少し前まではすすきののキャバクラにいたの。こんどは東京のキャバクラで働いてみたいと思っているの」

黒目がちの瞳をこちらに向けると、いくらか受け口の唇をとがらせながら、七海さんは次から次へと矢つぎばやに話しかけてくる。東京から来た客ということで、キャバクラの事情について知りたがっているようだった。

彼氏はいないのかと聞くと、福岡に住んでいる男と〝遠距離〟をしているという。会うのは二、三カ月に一回程度だが、一日に何度も電話がかかってきて行動を監視されているらしい。男は何か事業をしているといい、彼女も投資しているので、今さら別れるわけにもいかないのだという。電話の回数を聞くと一日に十回以上というから尋常では

すすきの交差点から徒歩約20分。豊平川に架かる豊平橋の少し手前に、
飲食店が数多く入居する二階建ての建物が二棟並んでいた

ない。そして、「私どうしたらいいの」と真顔で聞いてくる。趣味はもっぱら酒で、毎日店から自分の部屋に帰るなり一人で飲みはじめて、日本酒なら一升、ワインだと二、三本は空にしないと寝つかれないらしい。

「あーあ、雪がつもる前に東京に出てみたいわあ……」

北海道生まれだが、雪の季節が近づいてくると必ず気が滅入ってくるのだという。あるいは男の話などは、客に聞かせるための作り話だったのかもしれない。そんな気もしたのだけれど、ともあれ東京のキャバクラがいかに嫌な世界で儲かりもしないということを、理由をあげて説明しながら一緒に湯につかり、ベッドのある部屋に移動した。美人にはちがいないが、話してみると隙だらけな彼女には、キャバクラ勤めどころか、東京での一人暮らしすらつとまらないような気がしたからである。

ホテルを出る時間になっても料金のことを言い出さないのでこちらから切り出すと、「ああ、また忘れるところだった」という。話に夢中になってしまい、客から金をもらい忘れることが何度かあったらしい。

後日、風俗ルポで知られる北海道出身の漫画家・平口広美さんにその話をしたところ、その昔、すすきのの中心部である南五条西五丁目かいわいに、「屋台団地」と呼ばれる有名な一画があったことを、体験をまじえながら話してくださった。狭い通路のある迷路のようなところに五十軒ほどの屋台式の店が集まっていて、一軒ごとに二、三人の女性が顔見せをしている。交渉がまとまると女性と客は一緒に店を出て、近くの旅館に同伴する仕組みになっていたという。料金は昭和四十二年ごろ、三十分三千円程度。冬場はストーブの燃料代が別に百円かかる。そして平口さんによれば、こちらがおとずれたスナックは、その名残か、もしくは後継のようなものではないかとのことだった。

また、昭和四十四年四月三日号の『週刊大衆』によれば、屋台団地は南五条西五丁目のほかに、もう一カ所あったといい、〈札幌スケートセンター＝市電薄野電停と創成小電停の中間＝の裏にある一角。入り口に「すすきののやたい」と横書きの看板あり。二十八軒。万年雪で凍てついた小路を、屋台から契約してある旅館まで二十メートル。一人の女が一晩に何回通うことだろう……〉と紹介されている。屋台団地とすすきののやたい、合わせて八十軒、二百人を下らない女性がいたとされ、屋台の中では料金の話は一切ご法度だったということだ。（二〇〇〇年十一月）

南六条東三丁目にある二棟の建物までは、すすきの交差点から歩いて20分ほど。デート代は30分1万円、45分1万5千円、60分2万円。ホテル代3千2百円。スナックの会計はビール小瓶1本で1千3百円。

［北海道苫小牧市］

苫小牧

苫小牧までは、札幌から室蘭本線の特急で四十分。空港のある新千歳空港駅からでも四十五分だから、案外足の便はいい。苫小牧は明治三十九年に進出してきた王子製紙とともに発展を遂げた典型的な企業城下町である。町の中心部に製紙工場の広大な敷地が広がり、高い煙突からは深夜になっても煙が立ち昇っている。盛り場は工場のメインゲートに面した錦町という町にあって、スナックを中心とする無数の飲み屋のほかに、「キャバクラ」という看板を掲げた風俗店も何軒かある。昨年（二〇〇四年）夏の全国高校野球選手権大会では、市内にある高校が北海道に初の優勝旗をもたらして話題を集めた。

浜町という海辺の町にあったとされる遊廓の跡をたしかめるとともに、錦町のにぎわいにも触れてみるつもりである。

煙突と犬と遊廓跡と

苫小牧の駅を出て、ロータリーから海に向かって延びる道を歩き続けること二十分。ナナカマドの並木道が終わると同時に、前方から潮騒らしき音が聞こえてくる。まもなく展望がひらけると、傾いた日を浴びて金色に輝くおだやかな海と、遠浅に見える長い砂浜が目に入ってきた。波はそれほど高くなく、うねって見える程度である。

波打ち際まで下りてみると、高台の民家から放し飼いの雑種犬が二匹、じっと動かずにこちらを見ていることに気がついた。警戒しているのかしばらくは遠巻きにしていたが、やがてすぐそばまで近づいてくると、まるで先導するかのように少し前を歩きだす。二匹の犬は同じような赤犬で、片方がオス、もう片方はメスらしく、どちらもまだ若く色合いも似ており、一緒に産まれた兄妹のようにも見える。リーダー格のオス犬の方がときどき振り返っては、こちらがちゃんと付いてきているかどうか、横目で確認している。

そうして五、六分も犬と一緒に波打ち際を歩いただろうか。海岸線が波消しブロックで途切れてしまい、仕方なく砂浜から離れて海べりに建っている工場の横を通り抜けると、思いがけず広い通りに出てしまった。海岸からわずかしか離れていない、何もないようなところなのに、道路は必要以上に広く、まっすぐに延びている。

そしてなんのことはない、そこがまさに遊廓があった浜町の通りだったのである。犬はいつのまにかいなくなっていた。

大正初期に設置が認められ、昭和の初めごろには七軒の妓楼に三十人の娼妓がいたとされる遊廓の跡は、特有の広くてまっすぐな通りこそそのままだったものの、当時の建

遊廓が置かれていた浜町に残る広い通り。海岸からわずかのところにある

物などは残っていない。『北海道遊里史考』によれば、浜町の遊廓は戦時中に閉鎖されたということだから、当然といえば当然の話である。広い通りは国道36号線に突き当たるかたちで終わっていた。

国道36号線まで出ると、高い煙突が目に入ってきた。方角からして駅からも見えた王子製紙のものとみて間違いない。西日が射し込む浜町の通りを撮影してから、煙突を目印に、盛り場のある錦町へ向かうことにした。

五分も歩くとたちまち煙突が目前に迫ってきて、まもなく守衛室のある王子製紙のメインゲートに行き着く。そこから右手に延びる錦町の通りは、表通りがこざっぱりとした商店街、裏手一帯が盛り場になっていて、盛り場の中心は三百軒あるといわれるカラオケスナックだが、わずかながら風俗店もまじっている。「キャバクラ」という看板を掲げている店が六、七軒。ムック本の体験レポートによれば、キャバクラといってもサービスの内容はピンサロに近く、個室のある「本サロ」式の店だったとある。

キャバクラの営業開始までには時間があるようだったので、商店街の中のデパートに入って時間をつぶすことにした。「鶴丸デパート」という名前の、昔はどの地方都市にもあったような小さなデパートで、最上階の四階では「世界の帆船展」という催しが開かれていた。木でできた模型の船が十艘ほど展示されて、一艘ごとに説明書きが付いている。それをすっかり見終えてから、一階の喫茶コーナーに入ってコーヒーを飲んだ。

王子製紙の工場に近い盛り場・錦町で営業していた風俗店

五時半に出直してみると、あらかじめ目をつけておいた店が開店の準備をはじめている。呼び込みらしい初老の男が看板を持ち出して、コードをコンセントに差し込もうとしているところだった。

声をかけて料金を尋ねてみると、

「今ならモーニングサービスだから一万円でいいよ」

とのこと。一番若い二十二歳の女の子が今、出勤してきたばかりだという。

男は二階にある店の中に案内してくれると、ペンライトで足元を照らしてくれたのだが、中はそれほど暗くはない。えんじ色のカーペットが敷かれて、すすけた壁には盆踊りのときに使うような提灯が幾重にもぶら下がっている。

ソファーとテーブルが一方向に並ぶピンサロ式のボックスに座らされると、まもなく女の子が現れた。やや横幅のある方だが、たしかに二十代の前半に見えるし、髪をショートカットにしていて表情に明るさがある。女の子は席に着くこともなく、いきなりこちらの手を取ると、黒いカーテンの向こう側の楽屋裏のような場所に引っぱっていく。奥には、さらにカーテンで仕切った個室風のスペースが二つから三つ作られていた。中に入ると広さは二畳ほどで、「キティちゃん」の人形型のフットライトがぼんやりと灯り、敷きっぱなしになっている布団をピンク色に浮かび上がらせていた。

「お客さん、苫小牧の人？」

「札幌からちょっとね。現場がこっちになっちゃったもんでね」

「何の仕事してるの」

「建設関係」

「運転手でしょ」

「いや、内装の方だよ」

いつもそうしているように適当に答えていると、それでも彼女は納得したような顔をして、「ふうん」とうなずき、上目づかいにこちらを見ると、

「ねえ、チャック下ろしてくれる?」

と黒いドレスの肩ひもをつまみ、精一杯のしなを作るのだった。(二〇〇〇年十一月)

錦町までは駅から徒歩15分。駅前中央通りを国道36号線の手前で右折。デパートの先の左手一帯にキャバクラが点在している。料金は30分1万円から1万3千円程度。

函館

［北海道函館市］

函館の風俗街としてよく知られているのが、ＪＲ函館駅に近い若松町の周辺にある飲食店街。酒を飲ませるだけではなく、店の女性と同伴可能なスナックが相当数あり、「セキセン」という名でも呼ばれているらしい。セキセンという言葉は「赤線」をもじったものなのかもしれない。隣接する松風町にはピンクサロンとラブホテルがそれぞれ数軒営業しており、電車通りをはさんだ東雲町にはソープランドが一軒だけある。

遊廓は幕末の開港期からすでにあったといい、移転をくりかえしたのち、明治末年、当時は町はずれの荒地だった大森町に新開地がひらかれた。「函館遊廓」または「大森遊廓」と称し、昭和初期の最盛期には妓楼百二十軒を数えて、道内一の規模だったとされている。駅から遊廓への通り道にあたる大門通りや松風町のにぎわいも、遊廓がひらかれて以来のことで、それまでは人家もまばらだったという。

土煙の舞う「五百円街」

ＪＲ青森駅から終点の函館までは、海峡線の特急で約二時間。乗車してからしばらくすると列車は地下に潜り、三十分かけて津軽海峡を青函トンネルで通り抜ける。

青森駅で「鮭いくら釜めし」という駅弁を買ってきたのだが、いくらの粒が大きくて、いやに形がそろいすぎている。横で「いかめし弁当」というのを食べていた漫画家の平口広美さんによれば、「人工いくら」ではないかとのこと。湯につけても白くならないのが特徴なのだという。よく見ると「いかめし弁当」の方にも、大粒のいくらが景気よく乗っかっている。じつは今回、特別にお願いして、平口さんの取材旅行に同行させていただいているのである。

駅前のビジネスホテルにチェックインした平口さんとこちらは、日のあるうちにさっそく「セキセン」なるスナック街を見て回ることにした。ムック本の体験ルポによれば、そのかいわいのスナックでは女性との交渉がまとまりしだい、近くの旅館に同伴できるとある。料金は一万円から一万五千円程度。ただし、あまりいい体験ができなかったというようなことが書かれていた。

駅前ロータリーから延びる電車通りを歩きはじめて、大きな柳の植えられている角を左に曲がると、飲食店の多い柳並木の通りに出る。しばらくは炉ばた焼の店などが並ぶ普通の飲み屋街だが、しだいに店のたたずまいがある種の気配を帯びた感じになってくる。

柳並木が途切れると通りはいったん突き当たり、左右に道が分かれるT字路になる。

「セキセン」の目抜き通りで見ることができた建物

このT字路付近がセキセンでは目抜きの通りらしく、酒を飲ませるというよりは顔見せを主な目的とするようなスナックが増えてくる。カウンターにスツールを並べただけの店が多く、「スナック」や「小料理」、あるいは「サロン」「パブ」と思い思いの看板を掲げている。閉店したまま放置されているような店も目立つ。同じ一画には、スナックが何軒も入っている二階建ての建物もあった。

時計を見るとすでに五時で、あたりは暗くなりかけていたが、まだ開いている店はないようだった。

T字路の正面に狭い路地があったので二人で入って行くと、路地は奥まで延びており、進むにつれてだんだん道幅が広くなってくる。木造の旅館が三軒あるほか、ここにも一杯飲み屋のような店がずいぶんある。路地は今どき珍しく舗装されていない、土がむき出しになったままの道である。廃屋になった木造の家が風に吹きさらされ、土煙が舞い、どことなく西部劇に出てくる町のような気配を漂わせている。路地は「五百円街」と呼ばれているらしかった。

いったんホテルに戻り、八時になったところで出直した。

柳並木の道に入ると、炉ばた焼の店からはホッケを焼く香ばしい匂いがしてくる。セキセンの方はまだいくらか早いようだったが、それでも何軒か、看板に灯りがつきはじめた店がある。平口さんと別れてさらに町を二、三周歩き、覚悟を決めて入ったのは小料理屋風の店だった。ガラス戸越しに、手鏡を出して化粧を直している若い女性の姿が見えた。

「もういいですか」

そういって入っていくと、

「私でいいですか」

と彼女。ママさんがまだ来ていなかったので、合鍵を使い、一人で店を開けて待っていたのだという。「お願いします」というと彼女は立ち上がり、カーテンを引いて店を閉めてしまう。表に出ると外から鍵をかけて、二人は近くの旅館に向かった。

彼女は旅館のフロントに何か声をかけると、三畳ほどの広さの洋室に案内してくれた。パネルで仕切られたような殺風景な部屋だが、一応小さなシャワー室が付いている。ベッドにはシーツの代わりにタオルケットが敷き詰められていた。

彼女の名前は「みこ」。本名が「みつこ」なので自分でそう決めたと話す。年はまだ二十一歳。一年前にこの仕事をはじめてから、ずっとさっきの店にいるということだった。器量はそれほどでもないが、表情や仕草が若々しく、話しぶりもいたって素直だ。コートの下は袖と背中の部分がシースルーになった黒いパーティードレス風のものひとつで、それを脱いでしまうと、色白のぴかぴか光るような肌が現れた。思ったよりも背が高く、スタイルもなかなかのものだった。部屋は明るいままなので、蛍光灯の光が容

スナックや小料理屋、旅館がひしめく「五百円街」。
今どき珍しく道は未舗装のままだった

赦なく彼女の身体を照らしだしている……。

それからどれほどの時間が経っただろうか。彼女もこちらもいよいよという、ちょうどそのときに部屋のブザーが鳴りだした。旅館の人が知らせてくれる五分前の合図ということだった。

急いでシャワーを浴びて旅館を出ると、厚底靴の彼女はよろけたようにこちらにもたれかかってくる。

「この辺、雪が降るとカチカチに凍るんですよ。あたしってドジだから、しょっちゅう、ここでこけてたんですよ。よかったらまた……」

笑顔を見せた彼女に一応再会を誓い、店の前で別れたのだった。（二〇〇〇年十月）

セキセンまでは駅から歩いて5、6分。午後10時ごろからピークを迎え、深夜まで営業している。料金は旅館代込みで30分1万3千円。泊まりは11時から朝までで5万円。

東北

塩竈神社の狛犬

［青森県青森市］

青森

『全国女性街ガイド』によれば、戦後青森市内にあった赤線はまず、戦前まで遊廓が置かれていた旭町。戦後は「森紅園」という名で呼ばれるようになったという。もう一カ所は〈海岸寄りの銀行裏にある浜町〉。浜町という町名はもうないのだが、場所から推察すると、今は旅館街になっている安方町の裏通りあたりのことかもしれない。

現在の風俗街はまず第一に、青森駅に近い「第三新興街」の裏手一帯。ここに十数軒からなるピンサロ街がある。また、クラブやキャバクラの多い本町二丁目かいわいにもピンサロが何軒か見られる。さらには、安方町から駅前通りにかけて、旅館やホテルの周辺には深夜になるとポン引きが出没する。

トンネルの向こうの旧遊廓

遊廓が置かれていた旭町を地図で調べてみると、いかにも人為的につくられたような田の字型の街路を持つ、遊廓の跡と推察できる一画がある。駅からはだいぶ離れた果樹園の記号があるような場所なのに、地図を見ると、その町の中だけで旅館が八軒あることがわかる。これらの旅館は、妓楼から旅館に転じた「転業旅館」なのかもしれない。

一方、「裏風俗」を特集した最近のムック本には、駅に近い「第三新興街」という場所で「本サロ遊びをした」という生々しいレポートが載っている。

青森空港から三十分ほどバスに揺られてJR青森駅の駅前に着いたこちらは、さしあたってまず、第三新興街という場所がどんなところなのかたしかめてみることにした。

線路沿いを右手に歩いていくと、道路の左側に大きな市場が見えてくる。リンゴを扱う店もあれば、肉屋や魚屋もあり、乾物屋もあるといった総合食料品市場で、地図には「市場団地」と出ている。

市場団地を過ぎると道路沿いに一杯飲み屋や大衆食堂がぽつりぽつり現れ、さらに行くと、木造のアパートを改装したような不思議なつくりのストリップ劇場が左手に現れる。そこからまもなくのところに、「第三新興街」と書かれた赤い大きな看板が出ている路地があった。

薄暗い路地の奥は、びっしりと店が詰まった飲み屋小路になっていた。左右に並ぶ間口の狭いスナックや小料理屋は、年月を経た建物に手を入れながら使っているものが多い。ほとんどは二階建てだが、中にはいかにも天井の低そうな三階が設けられている店もある。けれどもムック本に書いてあったような風俗店は一軒もなく、見たところ純粋な飲み屋小路としか思えない。

「第三新興街」の入り口であることを示す看板と、
二列になっている飲み屋小路のひとつ

盛り場の一隅で営業していた「青森 DX 劇場」という名のストリップ劇場

二列の平行する小路からなる第三新興街を抜けると、その先にも飲み屋が少しあり、それらが途切れたところで左に曲がると市場団地に続く裏通りに出る。風俗街になっているのは、この裏通りの一帯だった。「ラブ・ハンター」「メルシー・ハウス」「プリン・プリン」「紫式部」「アモーレ」「ピンクパンサー」といった、味のある店名のピンクサロンばかりが十数軒も点在していた。同じ一画には、市場に出入りする人が利用するらしい端正なつくりの商人宿も何軒かある。ピンクサロンはまだ開店前で、通りに人影はほとんど見られない。

市場団地の中にある食堂にまぎれ込み、遅い昼食をすませてから、次に向かったのは遊廓があった旭町という町である。

旭町に行くには、トンネルをくぐって東北本線の向こう側に出る必要がある。そのトンネルは第三新興街から歩いて十分ほどのところにあって、くぐり抜けた先はちょっとした商店街になっていた。個人商店が並ぶ通りを少し行くと、右側に交番が見えてくる。そしてその真向かいが、かつての遊廓の入口だった。

入口から三十メートルほど進むと道が広く開けて、予想していたとおりの遊廓らしい整然とした街路が現れた。地図で見たとおり、住宅にまじって旅館がいくつもあるが、転業旅館というよりは、長期滞在する工事現場の人が泊まるような実用一点張りの旅館ばかりである。戦前の妓楼めいた建物や、戦後の赤線「森紅園」時代のものと思われる建物は見当たらない。ラブホテルが二軒あり、かすかに色町の名残を感じさせるものの、そのうちの一軒はすでに廃業している。入口から正面に延びる通りも、それと交叉する二本の通りもかなりの道幅があり、その分だけ町は殺風景で寂しげに見えた。

喫茶店でもあれば休憩を取りたかったのだけれど、商店街まで戻っても適当な店はなく、仕方なく駅前まで引き返した。

ビジネスホテルに落ち着き、旅装を解いて風呂に入ると、歩きすぎたのか足がパンパンに張っている。カメラバッグを持ち歩いていたので腰にも負担がきているようである。できればこのまま横になってしまいたいくらいだが、そうもいかない事情がある。連載している雑誌の性格上、写真を撮るだけで終わらせるわけにはいかないのである。明日は別の場所に移動する予定になっているので、今晩中に風俗店の方の取材もすませなくてはならない。

すっかり暗くなったところで第三新興街まで出直すと、当然のことながら、あたりの様相は一変していた。ストリップ劇場は看板がサーチライトで照らしだされて、昼間とは見違えるほど華やかな外観に変わり、建物の中からは音楽も漏れ聞こえてくる。第三新興街とその周辺の飲み屋街にもネオンが灯り、しっとりした盛り場らしい雰囲気に変わっていた。そして、風俗店のある一画はというと、辻々にポン引きが立ち、気軽にひやかして歩くわけにはいかないような、重苦しい空気が漂っていたのである。

二万円の言い値を一万五千円にまで値切り、中年のポン引きに連れて行かれたピンクサロンは、元は居酒屋か炉ばた焼の店だったと思われる広いカウンターのある店だった。中はまだ新しく、小上がりだったところが三つか四つにパネルで仕切られている。これが一応個室で、入り口にはそれぞれ安っぽいカーテンが取り付けられていた。

まもなく現れた女性は「美奈」さんといって、年齢は二十六歳。黒いセーターにグレーのスカートという普段着のような服装で、髪には野暮ったいパーマをかけている。青森市内に家があり、以前は保母さんだったということである。美奈さんはあまり気乗りしない様子なのだが、聞いたことにはしぶしぶといった感じで答えてくれる。姿勢が良かったのでそのことを話題にしてみると、子供のころから高校時代まで剣道を続けていたという。

そんな堅い暮らしをしていた人がこういった店で働くからには、何かそれなりの事情があるはずである。彼女のような女性の場合、金銭的な理由以外はまず考えられない。美奈さんは冗談をいってもなかなか表情をくずしてくれない。料金を値切ったので彼女の取り分が少なくなってしまい、機嫌をそこねていたのかもしれない。（二〇〇〇年十月）

第三新興街までは青森駅から徒歩3、4分。旭町までは徒歩20分。ピンサロは十数軒あり、どの店も料金1万5千円から2万円程度。

［秋田県秋田市］

秋田

秋田の盛り場は旭川を渡ったところにある「川反《かわばた》」。明治の半ばごろから花柳界のさかんだったところで、昭和三年に発行された『全国花街めぐり』（松川二郎著／誠文堂）によれば、三十軒あった料亭は三丁目から五丁目にかけての川岸に並び、芸妓は百五十人ほど。よその土地から流れてくる女性は少なく、舞妓から育てあげた純粋な秋田っ子が多かったとある。お座敷の名物はしょっつる鍋と民謡『秋田おばこ』。川反は現在、大町という町名に変更されている。

一方、遊廓があったのは川反通り一丁目から歩いて十五分の保戸野鉄砲町で、「常盤町遊廓」または「南廓」と呼ばれていた。昭和初期には妓楼十二軒に七十人の娼妓がいたとされている。

秋田美人の棲む町

以前雑誌の仕事で、「ヒモのプロ」を自称する人に話を聞いたことがあった。趣味は知らない土地に行って「ナンパ」をすることで、それがヒモであり続けるためのトレーニングになると力説していた。あちこち出かけたが、最も気に入って何度も足を運んだのが秋田だったという。「秋田はいい。歩いている女性が皆美人だし、ツンツンしていないところがいい……」。話半分に聞いておいたのはいうまでもないが、「ツンツンしていない」という点に関しては、秋田の女性に接したうえでの率直な感想だったのだろう。

　梅雨の只中の六月下旬、秋田駅に着いたこちらは、めったにない機会でもあるし、街行く女性の姿を目で追ってみようと思った。

　ところが雨に加えて平日の午後ということもあり、秋田美人どころか歩いている人自体あまりいない。キオスクで買った傘をさして濠端の広小路をぶらつき、木内デパートを通り過ぎて「三丁目橋」という橋を渡ると、いつのまにか川反通りに出てしまった。旭川の河畔にひらけた「川反」は一丁目から六丁目まである細長い町で、四丁目には花街の名残の大きな料亭がある。

　もっとも、全体的な印象としては垢抜けない地方の盛り場といったところで、奥に行くにしたがって場末のムードが流れはじめる。五丁目には、閉館した映画館や廃業した大きなキャバレーが放置されたままになっている。風俗店も少しずつ目立つようになり、六丁目には十二軒からなるソープ街がある。さらに奥まで行くと、ラブホテルが道路をはさんで向かい合っている一画があり、そのあたりでようやく川反通りの盛り場は終わる。その先に、なまこ壁の蔵が並ぶ工場のような建物があったので見に行くと、これは地酒のひとつである「新政」の蔵元だった。

　遊廓があった保戸野鉄砲町というところにも行ってみたが、旅館がいくつかあるだけで思ったほどでもなく、とにかく雨がひどくてこれ以上歩き回る気がしない。タクシーを拾って川反通りまで戻り、旭川を渡ったところにあるビジネスホテルに駆け込んだ。

雨は依然として降り続いていたが、夜の八時になったところで表へ出てみた。濁流が流れる四丁目橋を渡って川反通りに出てみると、料亭の向かい側にまぶしいほどのライトを光らせている店があった。「川反夜遊びガイド」という名前の、東京の盛り場でもよく見るような風俗情報を紹介する店である。中に入って店員に話を聞くと、ソープランドやピンサロも悪くはないが、五丁目に最近できた「ハッスルパブ」が面白いと、しきりにすすめてくる。

ハッスルパブというのは、キャバクラをくだけさせたような時間制の店で、「セクシーパブ」とも呼ばれてすでに市民権を得ている新風俗である。一九九八年ごろ北九州の小倉で誕生したといい、翌年には小倉の業者が新宿歌舞伎町に〝上陸〟。それをきっかけに東京をはじめ各地に広まっていったという。当時、歌舞伎町の店に足を運んだことがあったが、小倉の店から連れてきた女の子が多く、こちらに付いたのも九州弁丸出しの若い女の子だった覚えがある。

秋田の女性と接点を持ちたかったこちらは、店員がすすめるハッスルパブをのぞいてみることにした。

川反通りの一番奥、六丁目に軒をつらねるソープランド

かつて遊廓が置かれていた保戸野鉄砲町は旅館街になっていた

店は川反通りに面した雑居ビルの二階にあって、開店時間に合わせて入ると男の従業員が総出で迎えてくれた。中は思ったよりも広く、ソファーやテーブルはすべて壁際に配置されている。正面の一番目立つ席に案内されたのだが、フロアーはまだ薄暗く、開店準備中といったところ。そのうちに二人、三人と私服の女の子が店の入り口から出勤してくる。東京のキャバクラなどとはちがい、遅刻してもうるさく罰金などは取られないのかもしれない。

五、六人入ってきたところで照明がつき、音楽も流れだして、下着姿の女の子が傍らに付いた。「まゆみ」という名前で出身は仙台。耳にピアスをいくつも付けて、肩には蛇の絵柄のタトゥーが見える。東北一円で発売されている風俗店専門の情報誌の募集広告を見て、ひと月前からここで働きはじめたという。飲み放題だという焼酎の水割りを頼むと、彼女の方は一応こちらにことわってから、一杯千円のドリンクを従業員に注文した。

そのうちに音楽がスローなものに変わり、まゆみは上半身をはだけはじめる。上半身へのタッチは料金にふくまれているので遠慮なくさわれという。かるく触れる程度にしておくと、「あなたさわり方がいやらしいわね。みんなもっとギュッと握るのよ」という。五分ほどすると音楽がハイテンポなものに戻り、まゆみは服装をととのえて下がっていった。

次に付いた子は「ジュリ」といって、こんどは盛岡の出身。髪を金髪に染めている。腕に湿疹があり、アトピーだという。「客にさわられすぎたからだろう」というと、そんなことはないと気色ばむ。どちらの子も方言を隠さないし、見かけよりもずっと純朴で気に入ったのだが、次々に注文するドリンクの料金が心配になったこともあり、一時間で切り上げることにした。

店を出て近くの居酒屋に入ると、さっき飲んだ飲み放題の焼酎が効いたのか、一気に酔いが回ってくる。早めに勘定をすませて、明日に備えることにした。

翌日、ホテルをチェックアウトしてから向かったのは、六丁目にあるソープ街である。ここでも開店と同時に一軒の店に入ると、付いたのはスラリとした長身の女性だった。年齢は二十五歳。出身を尋ねてみると、「秋田の山の方」とのこと。色白、瓜実顔の秋田美人タイプではないが、ここへきてようやく秋田の女性とめぐり会えたことになる。少し前までは高級クラブのホステスをしていたということで、スーツの着こなしといい、髪形といい、ソープランドというよりは水商売の女性のような雰囲気だ。

「ずいぶん早いですね、いつもそうなんですか」

というと、彼女は背中を向けてスーツを脱ぎはじめた。下着などにも気をつかい、スタイルも申し分ない。けれども、七十分のプレイは会話もサービスも事務的で面白みのないものだった。プライドが邪魔をするのか、客に隙を見せまいと意地になっているようにみえた。

そこまでツンツンしなくてもいいではないか――。こちらはヒモのプロの言葉を反芻していたのだが、まあ、気が合わなかったということなのだろう。（二〇〇一年六月）

川反までは秋田駅から徒歩15分。
ハッスルパブは時間帯により60分3千円から5千円（プラス女の子のドリンク代）。
ソープランドは総額1万6千円から2万円程度（70分）

［岩手県盛岡市］

盛岡

月一回の取材旅行は旧遊廓や旧赤線の記録が半分、あとの半分は現在の盛り場の探索といった感じで、なんとなく続けてきているのだが、こと遊廓や赤線に関しては南の地方の方が収穫が多く、北の地方ではあまりいい結果を残せないことが多い。つまり、当時の建物や町並みが残っていないということなのだが、その理由としてひとつ考えられるのが「雪」。戦前からあった古い妓楼の建物も、戦後建てられた安普請の赤線時代の建物も、降りつもる雪の重さに耐えられなかったのかもしれない。

盛岡の遊廓跡は、城址の東側にあたる八幡町にある。風俗店は市内全体でも、「南部城」という名前のソープランドが一軒と、ピンサロがわずかにある程度だが、最近はここ盛岡でもデリヘルの進出が著しいようだ。

「八幡町」を訪ねて色町徘徊

盛岡の遊廓「八幡町」は戦災に遭うことがなかったといい、昭和三十年発行の『全国女性街ガイド』には、〈戦後の赤線時代になっても古色蒼然たる建物を使って営業していた〉と記されている。「沢田屋」という大店《おおみせ》をはじめとして、全部で二十軒の妓楼があったというから、なかなかの規模だったことがわかる。〈格式もあれば情緒もある色里だった〉と、著者の渡辺寛氏は絶賛している。

JR盛岡駅から二十分ほど歩き、石垣だけが残っている盛岡城址の先で旧道に入ると、町並みが一気に古めかしくなってくる。商店街を通り抜けてたどり着いた八幡町は、八幡神社に通じる参道の左右にひらけた門前町だった。しかしざっと歩いてみたかぎりでは、住宅が多く、参道沿いに妓楼らしき建物は見当たらない。

ところが参道から南側にいくらかそれて、八幡町に隣接する松尾町という町に入ると、あきらかにしもた屋とはちがう料亭風の建物が増えてくる。「八幡町」というのは通称で、じつはここが遊廓の跡なのではないか。そう思って地元の人に尋ねてみると、いやここは遊廓ではなく、芸妓と遊ぶ花柳界のあるところだという。検番（芸妓を管理する事務所）があって、芸妓もまだ何人かいるとのことだった。

いまひとつ判然としないまま八幡町の参道に戻り、もう一度丹念に見て回ると、参道の北側の目立たない裏通りに、ひなびた飲み屋街があることに気がついた。蛇行する狭い通りに沿って、途切れ途切れに店が並んでいる。ほとんどは間口の狭いスタンド・バーや小料理屋だが、中にはタイルを使ったモダンな外装の店もある。わずかながらではあるが、ピンサロらしき風俗店もある。見たところこの通りは、遊廓の跡というよりも、

参道の北側に延びている狭い通りにはモダンな外装の店が多い

戦後にできた赤線か青線の名残のように思えた。

さらに北側に行くと、幹線道路の向こう側に、新築のラブホテルが四、五軒集まっているホテル街があった。町名は八幡町ではなくなってしまうが、さっき見た飲み屋街から数十メートルのところだから、あるいはここが遊廓の跡と考えられないこともない――。

翌日、宿泊していたビジネスホテルをチェックアウトしてから向かったのは、そのラブホテル街だった。

最近は地方の都市に行ってコンビニに入ると、必ずといっていいほど、地元で発行している風俗や水商売専門の情報誌を手に入れることができる。盛岡も例外ではなく、デリヘルやキャバクラの広告で成り立っているような雑誌が、一般の雑誌にまじって売られていた。

一人でラブホテルに入ったこちらは、コンビニで買った情報誌をバッグから取り出し、内容を詳しく吟味してみることにした。店に電話して応対などに問題がなければ、デリヘルから女性を呼んでみるつもりである。まだ昼過ぎだったので営業している店は少なかったが、適当な店が見つかったので、すぐに女性を向かわせてもらうことにした。

三十分ほどで女性が到着。一見して、若くて健康そうな女の子だったのでホッとする。流行のスリムジーンズに、穴のたくさん開いた太いエナメルのベルト。絞り染めのようなえんじ色のタンクトップを着て、首には民芸調のネックレスを付けている。首から上はというと、まんまるい顔に一重まぶたの小さな目。鼻は目立たず、おちょぼ口。半円形の眉から上二センチほどのところで前髪を切りそろえたオカッパ頭――とくれば、どうしてもテレビアニメの『ちびまるこちゃん』を連想してしまう。それでも身長は一六〇センチほどあり、手足はすんなりと伸びている。

「お客さん、テレビ局の関係の人ですか」

歩いてすぐのところにテレビ局があるのは知っていたので、「なんでわかるの」と調子を合わせてみることにした。出張で来た人間がよくデリヘルを利用するとのことだった。ラブホテルだけでなく、ビジネスホテルでもほとんどのところでデリヘルの女性を呼ぶことができるといい、こちらが泊まっていたホテルにも仕事で何度か行ったことがあると話す。エレベーターホールでホテルの従業員と鉢合わせになったこともあるが、とくに注意などはされなかったらしい。

ちびまるこちゃんは県内の花巻市出身で、年齢は二十一歳。盛岡市内のワンルームマンションに一人で住み、その日は自宅から直接このホテルに来たということである。去年までは専門学校に通っていたが、欠席している間に授業についていけなくなってしまい、途中でやめてしまったという。花巻の実家がスナックを経営していたので、こういった客相手の仕事にもとくに抵抗はないと、標準語と東北弁をまじえながらとつとつと話す。服装をほめてやるとパッと顔が明るくなり、髪型やファッションなどを七〇年代の「ゴーゴーガール」風にしているといって、その日着てきたものを上から下までいちいち解説しはじめる。雑誌に載っていた服を買いに東京の古着屋まで行ったこともあるとのこと。

服装だけでなく、当時のLPレコードを集めているともいい、よほどの凝り性とみえて、スバル360の中古車に乗りたいなどとも話す。最近のリバイバル・ブームなのかもしれないが、何はともあれ共通の話題が見つかったのはありがたい。ちびまるこちゃんの話に付き合いながら、シャワー室の方へ移動することにしたのである。

その後、東京に帰ってから八幡町について調べてみると、歴史は古く、江戸時代の後期からすでに遊廓として定められていたということである。遊廓と花柳界とが一体になった色町で、売春防止法が施行されてからは花柳界のみが残ったという。そうしてみると、『全国女性街ガイド』に書かれている八幡町の遊廓とは、参道の南側から松尾町にかけての、現在は料亭が並ぶ一画のことだったらしい。こちらが参道の北側で見たひなびた飲み屋街も、ラブホテルが集まった一画も、遊廓とは無関係だったわけである。明治時代までは西側の「生姜町」との境に遊廓の入口の大門があって、東の境界は八幡宮の手前の仕切り堰までだったということだ。(二〇〇一年六月)

八幡町のそばのホテル街までは盛岡駅から約2キロ。徒歩30分くらい。

デリヘルは40分1万円、70分1万5千円、100分2万円程度が相場。ホテルは休憩3時間3千円。

［宮城県仙台市・塩竈市］

仙台・塩竈

仙台の遊廓の変遷については『仙台花街繁盛記』（田村昭著／仙台宝文堂・昭和四十九年発行）が詳しい。遊廓は明治に入ってからまず国分町に置かれ、次に立町付近に移り、明治二十七年、郊外の小田原町に落ち着いて「新・常盤町遊廓」と呼ばれるようになったとある。それより前、伊達藩は仙台に遊廓の設置を認めなかったため、仙台の男は五里の道のりをものともせず、塩竈にあった遊廓まで通ったものなのだという。現在の仙台はというと、一番町にソープ街があり、国分町の「虎屋横丁」を中心にヘルスなどのニュー風俗が密集。立町のラブホテル街はデリヘルのメッカとなっている。

また、戦前戦後を通じて「ゴケ町」という私娼の町が駅の東側にあり、東六番町から名掛町にかけて三丁続く路地に、うどん屋、しるこ屋などに名を借りた店が軒を連ねていたという。

塩竈の盛り場、尾島町へ

遊廓が郊外の小田原町に置かれていたのに対し、仙台を代表する花柳界があったのは、市の中心部の東二番町から東一番町の裏通りにかけて、と昭和三年に発行された『全国花街めぐり』には記されている。そこはまさに、現在ソープランドが五、六軒点在している場所と一致するのだが、周囲はグレー一色の殺風景なビル街で、ソープランドがあるわりには色町めいた匂いがあまり感じられない。もっとも、書かれているのはこちらの親が生まれたころの話だし、その後、仙台市は空襲を受けている。戦後はそれまでの城下町特有の町割りは消えて、広い道路が何本もできるなど、仙台の町はすっかり姿を変えたらしい。

国分町や立町の盛り場もひととおり歩いてみたものの、いまひとつ心が弾まず、それならばと東口の方へ回ってみることにした。『全国花街めぐり』で猟奇的な扱われ方をされていた私娼の町「ゴケ町」があった通りを探してみることにしたのである。

ところが折あしく、東口一帯は再開発の最中で、ショベルカーがそこらじゅうを掘り返している。ゴケ町の中心だった東六番町と名掛町は、その中にすっかり飲み込まれてしまったようだった。しかしその先の元寺小路町という町まで行くと、狭い路地や古いしもた屋、個人商店などのある昔ながらの町並みがかろうじて残っている。ごくあたりまえの下町風の町並みながら、なんとなく戦前の仙台を想像させるものだった。

遊廓があった小田原町は、そこから一キロ足らずのところにある。商店街を抜けて小田原町六丁目に入ると、その昔は遊廓だったであろうことがひと目で見て取れた。当時の建物はひと棟も残っていないのだが、特有の整然と区割りされた街路が、ここでも想像力をかきたててくれるのである。『仙台花街繁盛記』には、妓楼の外観を残したまま旅館になっていた建物の写真が掲載されている。唐破風屋根の玄関を持つ木造三階建ての大店《おおみせ》で、昭和初期に遊廓の全景を写した写真にも同じ建物が写り込んでいる。写真の位置を手がかりに探してみると、妓楼だったころの屋号と同じ名前が付いたアパートが、広い敷地の中に建っていた。

翌日は塩竈まで足を延ばしてみることにした。仙台と石巻とを結ぶ仙石線に乗れば、三十分余りで本塩竈の駅に着く。何はさておき、ここでも遊廓があったという塩竈神社の門前まで歩くことにした。

目抜き通りになっている旧塩竈街道の通りをしばらく行くと、日本酒専門の居酒屋などでよく見る「浦霞」の蔵元があった。店頭の直販コーナーでは蔵出しの原酒などが売られている。まもなく塩竈神社の前に出たのだが、土産物屋や食堂があるわけでもなく、ましてや色気など感じられない。もっとも、遊廓が全盛だったのは明治以前の話らしく、二軒だけ残っていた妓楼も戦時中に廃業したということである。

本塩竈の駅前に引き返して、一軒だけあるビジネスホテルにチェックインした。夕食をすませてから次に向かったのは、市内の尾島町というところである。その町が塩竈の盛り場だということは、事前に雑誌などで調べてある。尾島町は駅をはさんで塩竈神社

塩竈の盛り場・尾島町。その中心はどこまでも広がるスナック街である

とは反対側の、港寄りの方角にある。それほどの距離でもないが、話を聞くためにタクシーを利用してみた。運転手は制服をだらしなく着た、色の浅黒い中年の男である。「尾島町《おしままち》までお願いします」といってみると、「尾島町《おしままち》じゃなくて尾島町《おじまちよう》！」と、いきなり突っかかってくる。距離が短いのでおもしろくないのだろう。しかし思ったとおり、風俗の情報に関してはやけに詳しく、バックミラーでこちらの顔をのぞくと、怪訝そうな顔をしながらも怒鳴るようにして教えてくれた。風俗店といったら、まず町の入り口にあるピンサロ「ロンドン」。それから「中国式エステ」と「ミニクラブ」が一軒ずつ。そのほか、最近になってファッション・ヘルスが一軒開店したということである。そのうち、中国式エステは高いからやめておけという。

尾島町には、町の規模からして考えられないほどの数のスナックがある。もう少し遅い時間になれば、港の方からどっと人がくり出してくるのだろう。運転手が教えてくれた情報は正確で、たしかに風俗店は四軒ある。そのうち、中国式エステは休業中、ミニクラブというのはピンサロらしかったがまだ開店していない。

ファッション・ヘルスは新築のビルの中にテナントとして入っており、看板もなく入りづらい雰囲気なのだが、思い切ってドアを開けてみた。

すると正面はパネルで仕切られた壁で、壁に開けられた小窓が受付のカウンターになっている。小窓越しに、若い従業員がてきぱきとシステムを説明してくれた。四十分から八十分までのコースがあって「オプション」も追加できるというから、東京のファッション・ヘルスとなんら変わらない。四十分のコースにすると、いったん待合室に通されてから、やはりパネルで仕切られた個室に案内してくれた。

中で待ち受けていたのは、まだあどけなさの残る大柄な女の子だった。水商売の女性がよく着るような、紺色の地に白いラインの入ったスーツ姿だが、全く似合っていないのがなんだか可笑しい。年は十八歳。何かの事情で高校を中退したが、通っていればまだ三年生の学年だという。スカートのウエスト部分を幾重にも折り曲げて超ミニにしているのは、いまだに高校生気分が抜けきれていないせいかもしれない。

バレーボール部に所属していたという彼女は礼儀正しく、言葉づかいもどことなく体育会系的で、動作のひとつひとつがキビキビしている。背中を流してくれるときなども、「熱くないッスか」と男の子のような口調で聞いてくる。「県北」の出身で、年末に仙台のファッション・ヘルスで面接を受けたが、店が塩竈に支店を出すことになり、今年からここで働くようになったというようないきさつを、やはり男の子のような口調で話してくれた。（二〇〇二年三月）

尾島町までは本塩竈駅から徒歩15分。ヘルスは40分9千円、60分1万4千円。
本塩竈駅からさらに3駅乗ると、松島観光の中心で旅館も多い松島海岸駅に出る。

郡山

［福島県郡山市］

郡山の赤線については、昭和三十年に発行された『全国女性街ガイド』が、〈赤線は駅前の稲荷町、北町と郡山映劇の近辺に散在し、合わせて三十軒、百名ほどの女性がいる〉と伝えている。「稲荷町」「北町」とは、ともに現在の「駅前」の旧町名で、付近を総称して「柳内」ともいったらしい。

駅前は現在、郡山一の盛り場になっており、アーケード街から映画館街にかけて二十軒ほどのピンサロが散在している。つまり、赤線の時代から色町の範囲はそれほど変わっていないというわけである。盛り場は旧奥州街道を南に下った堂前町にもあり、こちらはややうらぶれた感じだが、飲み屋が密集していてピンサロも数軒ある。『全国女性街ガイド』には登場してこないが、やはり赤線地帯のひとつだったのではないかと推察される。

高台に残る遊廓跡の大門

福島県は面積が広く、地域ごとに気候が異なるために、地元のテレビを観ていると天気予報を三通りに分けて伝えている。東から「浜通り」「中通り」「会津」といって、地元の人にいわせればそれぞれ気質もちがうとのことである。

郡山は中通りにあたり、県のちょうど中央に位置している。人口三十万人を超える福島県有数の都市で、東北新幹線の停車駅でもある。

二十年ほど前、知り合いの結婚式で郡山に行ったことがあった。東北新幹線を利用したのだが、当時はまだ埼玉県の大宮が始発駅で、上野から大宮まで「リレー号」という専用の直通電車に乗った覚えがある。今は上野駅はもちろん東京駅からも乗ることができ、東京・郡山間は一時間二十分で結ばれている。結婚式のときは駅とホテルをタクシーで往復するだけだったから、事実上、郡山は今回が初めてのようなものである。

駅を出ると、目の前はロータリーのある広場になっていて、向かい側には飲食店などの入ったビルが壁のように何軒も建ち並んでいる。その中央にアーケード街の入り口があり、奥に向かって商店街が延びている。東京でいえば、同じようにアーケードの商店街がある中野や新小岩の駅前の風景によく似ている。

アーケード街に入ってみて「おや」と思ったのは、二十メートルほど行ったところで早くも風俗店らしき店があったことである。店名や看板の様子からしてピンサロらしかったが、少し先にも一軒あり、その少し先にまた二、三軒ある。営業開始まではまだ間があるようだが、パン屋や花屋、おもちゃ屋といった一般の商店が並び、通行人も多いアーケード街の中にピンサロがまじっているというのも珍しい。アーケード街はしばらく行くと右に曲がるようになっていて、曲がった先にもいくつか同じような店がある。

アーケード街がいよいよ途切れると、出た先はちょっとした興行街になっていた。東京ではあまり見られなくなったような、ビル化されていない映画館ばかりが四軒並び、人もけっこう出ている。この通りの中にもやはりピンサロがあるのだが、中にはピンサロとしては珍しく戸建てなうえに、色がときどき変わるラスベガス調の派手なネオン看板を掲げた店もある。

郡山は奥州街道の宿場町として栄え、宿場女郎が評判を呼んでいたため「色の町」という言い方もされていたそうである。皮肉な言い回しになってしまうが、駅前の商店街の中にピンサロがあるあたり、その伝統を引き継いでいるといえないこともない。

ただし風俗店はもっぱらピンサロばかりで、そのほかの業種は見られない。市内にソープランドは一軒もないし、ファッション・ヘルスやイメクラ、性感といったニュー風俗の店もなぜか見当たらない。

アーケード街を右に曲がらずに直進すると、「大勝館」というモルタル造りの成人映画専門館が見えてくる。さらに行くと奥州街道の旧道に出て、通り越すとこんどは現在の奥州街道である国道4号線に出る。

戦前まであった郡山の遊廓は、国道4号線を渡った先の、赤木町という町の高台に一郭をなしていたらしい。昭和五年に発行された『全国遊廓案内』によれば、それまで旧街道沿いに点在していた妓楼を集めて明治三十四年につくられたもので、昭和初期には妓楼十軒に六、七十人の女性がいたとある。開設当時は全くの新開地で、周囲を雑木林が囲んでいたとのことである。

国道4号線から左に折れて、なだらかな坂道を四、五分も歩いただろうか。右側に開けた通りの奥に、左右一対ある石造りの棒杭のようなものが見えた。近づいてよく見ると、これが遊廓の入口の大門《おおもん》の跡だった。門は原型を留めており、「明治三十四年九月建立」という文字も容易に読み取れる。

門を通り抜けて中へ入ると、道幅がやや広くなり、左側にビジネスホテルが三軒並んでいる。右側には駐車場やマンションがある。妓楼めいた建物はもう残っていないようだったが、ここが遊廓の跡であることはたしかだった。

くるわの中央を貫く通りは自動車の抜け道になっているとみえて、写真を撮っている間にも、ひんぱんに車が大門の間を走り抜けていく。それがいかにも窮屈そうで、門柱をこすりはしないかと心配になるほどだった。

夜になって駅前のアーケード街に戻ってみると、酔客にまじって、ピンサロの客引きが何人も出ている。いたるところにいる感じだが、とくにアーケード街の入り口が主戦場らしく、大げさでなくここだけで十人くらい客引きが立っている。もっとも、地元の人たちにとってはそれがあたりまえのことらしく、とくに気にする様子もなく、一杯機

駅前から続くアーケード街が途切れたあたり。
風俗店が多く、日が暮れると客引きが出没する

遊廓が置かれていた赤木町に残されていた石造りの大門

嫌の若い男たちが気軽に遊びの交渉をしていた。

近づいてきた客引きに話を聞くと、ホステスが服を着たままだと八千円。それに千九百円をプラスすると全裸でサービスをする、となんだかややこしい。別の客引きに話を聞いても同じようなことをいう。

「郷に入っては郷に従え」ということわざが頭に浮かんだものの、その日ばかりはなんとなく気乗りがせず、ホテルに帰って静かに過ごすことにしたのである。（二〇〇二年七月）

夜になると風俗街に姿を変える駅前は、郡山駅を出てすぐ。ピンサロの料金は本文のとおり。遊廓のあった赤木町の高台までは歩いて25分ほどかかる。

小名浜

［福島県いわき市］

小名浜は太平洋に面した港町で、大規模な工業港と漁港がある。江戸時代から海運の拠点として栄え、明治になると常磐炭坑で採掘される石炭の積み出し港にもなった。江戸時代までは「女《おんな》浜《はま》」という地名だったそうだ。

現在の小名浜は、町の目抜き通りと小名川、そして漁港に三方を囲まれた広い範囲が盛り場になっており、二百軒以上といわれるスナックのほか、約二十軒からなる福島県随一のソープ街が小名川寄りに広がっている。近くには常磐湯本温泉、「スパ・リゾートハワイアンズ（元・常磐ハワイアンセンター）」といった観光施設もある。「小名浜」という駅はなく、自家用車で行くか、常磐線の泉駅からタクシーに乗る必要がある。

港町の夜に消えて――

都内から常磐自動車道を走ること二時間。「いわき勿来《なこそ》」の出口で下りて、海沿いの道をさらに二十分も走ると、右手に小名浜製錬所の高い煙突が見えてくる。まもなく町がひらけて、漁港に近い小名浜の市街に出る。目抜き通りに面したビジネスホテルに落ち着くと、先ほどまで西日が照りつけていたのがうそのように、つるべ落としの秋の日は早くも地平線の中に没しようとしている。旅装を解き、すすけた顔を洗い、さっそく町へくり出すのであった。盛り場はそれほど遠くない場所にあると聞いている。

目抜き通りになっている「中島商店街」は古くからあるものらしく、どっしりとした蔵造りの商店がいくつも見られる。小名川の方向に歩いて行くと、商店の合い間から盛り場に通じる路地が何本も口を開けて、奥にぽつぽつネオンがともっているのが見える。「ハトバ通り」「あけぼの通り」……。誘蛾灯に引き寄せられるように一本の路地へ入っていくと、ここで早くもソープランドが現れた。店名は「キャッツ・アイ」。そういえば昔、そんな歌があったような気がする。

路地の中ほどを左に折れたあたりが、ちょうど小名浜の〝ソープ銀座〟ともいうべき場所で、「エマニエル」「夢」「パレスクラブ」といった店の名前がいっぺんに目に入ってくる。このあたりでは珍しい三階建ての店は「尼御殿」といい、小名浜一の高級店だという。さらに行くと「愛の水中花」というこれも歌の題名のような店があり、一見割烹風に見える「いとはん」という店を通り過ぎると、その先が漁港になっていた。小名川べりの方に行ってみると、そこにもソープランドが数軒集まっている一画がある。それほどしつこくはないものの、ポン引きもソープ街全体で五、六人は出ているようだった。

広い盛り場の中ほどにある“ソープ銀座”。
料金はどの店も大衆的

これだけの規模を持つ小名浜のソープ街は、いったいいつごろ形成されたのだろうか。推測だが、昭和四十一年の風営法改正で都道府県ごとにソープランド（当時は「トルコ風呂」）の「禁止除外区域」が定められることになったさい、福島県では小名浜のこの区域が指定を受けてソープ街ができた、と考えるのが自然だろう。禁止除外区域とは、「その場所に限っては禁止しない」というような意味で、すなわちソープランドの「営業許可区域」である。その後、昭和四十年代の後半から五十年代の前半におとずれた全国的なソープランドの出店ラッシュを経て、小名浜のソープ街は現在のかたちに落ち着いたと考えられる。資料によれば、昭和五十三年にはすでに十七軒の店があったとされており、現在もほぼ同じ数の店が営業している。

「二、三人ずつ組になって、どの店でもいいから入ってこーい」

と、若い男たちに怒鳴りながら歩いているおじさんがいる。一行は総勢十人くらい。太っ腹な会社の社長か先輩かが、若い者全員にソープランドをおごってやるところらしい。

その集団にまぎれ込むようにして再び町を歩き回り、こちらも一軒のソープランドに入ってみた。総額一万八千円で七十分だから、小名浜ではまず平均クラスの店といえる。ボーイに案内されてカウンターの横を通り抜けると、奥に向かってS字型にくねる不思議なデザインの通路が延びている。表構えもそうだったように、店の内部も凝ったつくりになっているようだ。通路の左右にはメルヘン調の赤いドアがいくつも並び、それぞれ花の名前の札がかかっている。ボーイは「あじさい」の前で足を止めると、勢いよくノックしてからドアを開き、こちらに向かって深々と頭を下げた。

「こちらでございます。ごゆっくりどうぞ……」

ドアを開けて入ったところには、正座して三つ指をついた女性が待ち受けていた。

「カオルと申します。よろしくお願いいたします」

中に入るとまず飲み物が出て、浴槽に湯がたまるまで、少し待つことになった。

「ご旅行ですか」

「いや、仕事でちょっと、こっちの方に来たものでね」

「この店は初めて？　船じゃないわよね。色が白いし。ゆうべも一隻大きいのが着いたらしいけど……」

年齢は四十歳くらいだろうか。顔からにじむ脂のせいで化粧は浮き気味だが、声は若々しく、歯切れのいい標準語だ。

「生まれも育ちも東京なのよ。私はおくてだったから、この仕事も年をとってからはじめたの……。ここは稼げるのよ。工場があるし、船も着くし、土日は湯本温泉から団体さんが来るからとてもいそがしいの。それでいてここは昔から女の子の数が少ないの。何もないところだから若い子だと退屈しちゃうんでしょうね……。あ、お風呂の用意ができましたァ」

カオルさんは派手な紫色のスーツを着ていたときよりも、裸になった方がかえって若々しく見える。案外均整のとれた身体つきをしていて肌にも張りがある。その後の、エアマットを使ったプレイのテクニックもなかなかのものだった。

もう一度湯船につかり、上がると甲斐甲斐しくバスタオルで拭いてくれた。

「それではベッドへどうぞ……」

部屋の方へ目をやると、いつのまにか照明が落とされて、壁に取り付けられた赤いルームランプがいやに目立つようになっている。壁際に置かれたベッドだけが赤く浮かび上がり、ベッドを囲むようにして飾られた造花も毒々しい色合いに変わっている。低く流れていた有線放送は、女性歌手が歌う『湯本音頭』といった感じのものから、小林旭が甲高い声で歌う『北帰行』に切り替わっていた。（一九九三年十一月）

小名浜の盛り場までは常磐線泉駅から5キロ。タクシーで10分ほど。ソープランドは総額2万円程度。カオルさんによれば土日は団体客が多いので混むとのこと。

関東

横浜・曙町、赤線だった通りに残されていた建物

宇都宮

［栃木県宇都宮市］

昭和三年に刊行された『全国花街めぐり』によれば、遊廓が置かれていたのは宇都宮城址の裏側の高台で、〈まるで刑務所のように高い木柵で囲まれていた〉とのこと。また遊廓以外にも、〈剣の宮町から旭町の方へ抜ける日野の裏通りの一画に、俗に「剣の宮」という玉の井のような私娼の町があった〉と書かれているのだが、町名が変わってしまったこともあって、いまひとつはっきりしない。

一方、戦後に刊行された『全国女性街ガイド』には、〈赤線は「中河原」と「新地」の二カ所にあり、戦前までの「剣の宮」が分散したもの〉という記述がある。「中河原」とは現在の中央五丁目の飲み屋街のことで、通称が「旭町」だから、剣の宮という私娼の町があったのは、おそらくこのかいわいのどこかなのだろう。もうひとつの赤線「新地」は、旧城址の裏側の、今は住宅街になっている一画に広がっていたようだ。

花街から赤線の町へはしご酒

宇都宮のソープ街は東武宇都宮駅に近い江野町にある。駅から続く「オリオン通り」

という アーケード街の一本北側の通りに、十軒ほどの店が寄り集まっている。

江野町はかつて花柳界のさかんだった土地で、『全国花街めぐり』によれば、そのころ芸妓置屋六十三軒に芸妓が百五十人。料亭はじつに百二軒あったというから、相当規模の大きな花街だったらしい。昭和四十年ごろまでは週刊誌などに芸者遊びの体験談が載っていて、その時点ではまだ存続していたことがわかるのだが、今回見たところ料亭らしい建物は一軒もなく、三業地の面影はこれといって残っていない。ソープランドを中心として、スナックやクラブ、フィリピンパブ、ピンサロなどがひととおりそろう、どちらかといえば雑然とした盛り場になっている。そこで考えられるのは、この町もほかのソープ街と同様、昭和四十一年ごろ、ソープランドの禁止除外区域（営業許可区域）に指定されて、ソープランドが一気に増えていった町ではないかということである。花柳界の退潮と入れ替わるようにして、ソープ街へと変化したものと思われる。したがって、ソープランドの中には、料亭からの転業組がふくまれているはずである。

「それではお客様、ごゆっくりどうぞ……」

ボーイに促されてエレベーターのところへ行くと、中で待ち受けていたのが「順子」さんだった。身長は一五〇センチくらい。白いキャミソール風のワンピースから豊かな胸元をのぞかせ、ふっくらとパーマのかかった髪には金色のメッシュがひかえめに入っている。年は二十四歳。一見して男好きのする雰囲気を持った女性で、憂いをふくんだ大きな目も、ととのった唇のかたちも、申し分がないほどだった。

個室に入ると、彼女はまずバスタブの蛇口をひねって湯加減をみてから、ベッドに腰かけているこちらの横にきて、ぴったりと身体を寄せてきた。

「外は暑かったでしょー。今日は仕事の方はお休みィ。何やってる人なのかしらァー」

「いや、たいしたことないよ。職人だよ」

いつもそうしているように適当に答えると、それでも順子さんは安心したように、

「ああ職人さんかァー。最初見たとき、何やってる人かなって思っちゃったもんだからァー。あたし、職人の知り合いならいっぱいいるのよ。大工さんとかペンキ屋さんとか……」

彼女は容姿のみならず、ちょっと少女っぽさの残る、これも異性を惹きつけるような声の持ち主だったのだが、同時に、尻上がりの独特のアクセントのある栃木弁の使い手でもあった。宇都宮に来てみて感じたのは、駅員のアナウンスからしてそうだったように、方言がきつく、それをあまり隠さない土地柄だということだった。作家の立松和平や、元プロ野球選手の広沢克実の話し方を思い出してもらえば、わかりやすいかと思う。もっとも男の栃木弁とはちがい、順子さんの場合はちっともむさくるしい感じはしない。

「たばこ、吸うわよね。缶ビールもあっからァ、いつでもいってね」

持ち出したバスケットの中には、店が開けるほどさまざまな種類のたばこが詰まっている。ラークマイルドを一本もらうと、さらに身体を寄せて火をつけてくれた。

「店はいそがしいの」

「このところそうでもないわァー。今日はあたし、一時から来てっけど、お客さんが初めてなのよ」

「順子さんはこっちの人？」

一応聞いてみると、

「市内なんだァー。珍しいねっていわれるんだけどもォ、灯台下暗しってこともあるし。でも、こないだ、知ってる人に初めて会っちゃった。会社にいたとき集金に来ていた銀行の人なんだけどォー、もうお互いにびっくりしちゃってェー。だけどあの人、転勤するっていってたから、もう来ないだろうな」

さらに話を聞くと、店に入る前は化粧品のセールスをしていたらしいのだが、上司も同僚も客も女ばかりの職場で、彼氏もいなかったので全く男っ気がなかったのだという。そのころからかなりの貯金を残して、国産の高級車を乗り回していたといい、ソープランドで働くようになってからは高級外車のジャガーを現金で買ったというから驚く。

「ほかに楽しみがないもんだからァー。あたし、何か目標がないとだめなのよね。でも、ジャガーよりもセルシオの方がずっと乗り心地が良かったな。今のジャガーはスポーツタイプだからァ、サスペンションが硬くってェ……」

「お兄さん、ソープランド行ってきたっぺ。すぐにわかるぞ……」

ソープ街からいったんオリオン通りのアーケードに入り、市内を蛇行しながら流れる釜川沿いの住宅街を少し歩くと、戦後赤線のあった「中河原」という町に出る。「みはし」という欄干に擬宝珠《ぎぼし》のある橋を渡ると急に風景が変わって盛り場らしくなり、道は将棋のマス目のように区切られた狭いものばかりになってくる。スナックや小料理屋がひしめき、川べりにはスタンド・バーばかりが入っているトタン屋根の建物が並んでいる。赤線時代のペンキ塗りの木造家屋が一軒ポツンと残っていて、「カフエー」と書かれた当時の鑑札がそのままになっていた。連れ込み宿風の古い旅館や小規模なビジネスホテル、カプセルホテルがあるのは、赤線のあとの一時期、街娼の立つ町だったころの名残だろうか。そんな一画にあるバーのママさんに表で声をかけられ、入ってみることにしたのである。

「あれ、なんでわかるの。ママさん、勘がいいんだね」

「匂いでわかっちゃうよ。プンプンプンプン石鹼の匂いがしてくるしィー、顔からまだ湯気が出てっとォー。サッパリした顔しやがってェ、なんていう店に行ったァ」

「Hだけど」

規模の大きな花街から、ソープランドと飲食店が
密集する盛り場に変化した江野町

「Hかあ。Hもいいけどォー、雀宮《すずめのみや》のソープランドが評判いいんだっつうぞォ」

雀宮は東北本線で宇都宮からひと駅下ったところにある町なのだが、そこにもソープランドがあるらしい。ママさんは五十八歳と自分から年を教えてくれた。店を開けたのは昭和三十九年で彼女が二十八歳のときのこと。平屋の一軒家を買い取って表側だけバーに改装したといい、今でも店の奥に一人で住んでいるという。開店当時、まだこの一帯には街娼が多く、買った平屋も、もともとは街娼が客との交渉場所に使っていた建物だったとのこと。二畳から三畳程度の小部屋ばかりがいくつもあって、どの部屋も外から入れる特殊な間取りだったという。もっとも、それで安く買えたということだった。

「ひと部屋は風呂場に直してェ、あとひと部屋は物置。あとはブチ抜いて、六畳と四畳半にしたんだよね。窓が多いもんだからァー、今でも夏は風通しがいいんだぞォー」

ママさんによれば、街娼は中河原の南側の道路（石井街道という）に多く出ていて、交渉のさいには「ヤッカ」と「ヤッペ」の二つの言葉だけで事足りたのだとか……。もう一カ所の旧赤線「新地」の方はいち早く住宅街になったということだが、赤線時代そのままのタイル張りの建物を使った質屋があって異彩を放っていたらしい。

ところが、そんな話の最中に酔った中年の男がふらりと入ってくると、近所に住んでいるという女性が助っ人に駆けつけてきて、もう赤線の話どころではなくなってくる。女性はママさんと同い年くらいで、店がいそがしいときだけ電話で呼ばれて応援に来るらしかった。四人でビールを一ダース近く空けて、カラオケを二、三曲歌わされた。それで勘定が一万円ずつというのは、たぶん安い方だったのだろう。（一九九四年六月）

江野町までは東武宇都宮駅から徒歩3分。ＪＲ宇都宮駅から徒歩20分。

ソープランドの料金は総額2万8千円（80分）。江野町から中河原までは徒歩10分。

神栖町

［茨城県鹿島郡神栖町（現・神栖市）］

鹿島灘に面して平地林の多い、神栖村《かみすむら》を中心とする農村部に工業地帯誘致の話が降って湧いたのは、昭和三十五年のこと。昭和四十年代に入って用地の買収と開発がはじまり、新設された鹿島港を中心として、数年後には製鉄所や石油化学コンビナートからなる全長一〇キロに及ぶ「鹿島臨海工業地帯」が出現した。当初は人口三十万人、就業者十二万人の工業都市を目指していたという。この間の町の変貌を地元住民の視点から描いた映画に、『さらば愛しき大地』（一九八二年・プロダクション群狼／柳町光男監督）がある。

労働力の流入と平行して風俗産業も進出し、現在はサウナとファッション・ヘルス、合わせて二十軒ほどが営業しており、新興の風俗街を形成している。

臨海工業地帯のサウナ風呂

「鹿島臨海工業地帯」のそばにソープ街があることを教えてくれたのは、ある出版社の若手の編集者だった。仮にA君としておくが、A君の話の内容はざっと以下のようなものだった。

「釣りが好きで潮来《いたこ》や鹿島の方によく行くんですけど、ソープランドがずいぶんありますよ。あんなところにもあるんですねえ。看板には一応『サウナ』と書いてあるんだけど、中身はほとんどソープランドと同じで、本当のサウナの方は『健康サウナ』とか『男女サウナ』ってわざわざ書いてあるんです。条例か何かの関係で、堂々とソープランドとは名乗れない事情があるらしいんだけど、なんだか笑っちゃいますよねえ……」

水戸市出身のこちらは、クルマを使って鹿嶋市経由で帰省することが多い。はて、あのあたりにそんなものがあったかな、とよくよく聞いてみると、ソープランドがあるのは鹿嶋市の隣町で、鹿島臨海工業地帯の事実上のお膝元である神栖町《かみすまち》の方らしい。さらに聞くと、独身の彼はその中の一軒を何度か利用したことがあるということだった。

江東区の自宅をクルマで出てから約一時間半。東関東自動車道を終点の潮来で下りて、有料の水郷道路を走り抜けると、そこはもう神栖町ということになる。

神栖町に入ってまず驚かされたのは道路の広さだった。臨海工業地帯に通じるメインストリートである国道24号線は片側三車線ずつあって、中央分離帯や舗道もゆったりととられている。道路沿いに集まっている公共施設も立派なものばかりだ。

それとともに国道を走るドライバーの目を引くのは、街道沿いにある何やら派手な看板である。「ペントハウス」「マハラジャ」「迎賓館」「プレイボーイ」「キャッツアイ」「ダンディーズ」「クリスタル・ペペ」「ピーチガール」といった妖しげな店名の前には、

国道沿いの交差点で見かけた「サウナ」の看板。
店名はどれも風俗店風だった

決まって「サウナ」の三文字が付いている。どうやらこれらの店が、A君が話していたソープランド風のサウナらしかった。

看板の案内にしたがって旧道の方の国道24号線に入り、鹿嶋市の方向に少しクルマを走らせると、平泉というバス停のそばにもまたサウナの看板が出ている。ここで左に折れたところに一軒、右に折れたところに二軒、それぞれサウナの看板を掲げた店があった。予想どおり、鉄筋造りの建物の様子や看板のデザイン、色合いなどにしても、ソープランドにしか見えない店ばかりである。午後の早い時間だったが、すでに三軒とも営業している。周囲は住宅と畑が入りまじったようなところで、小学校や中学校も近くにある。営業中の店以外にも、ずいぶん前に閉店したとみえて廃墟のようになっているサウナをいくつも見つけることができた。

メインストリートに戻って、木崎という表示が出ている信号のところまで来ると、このあたりが町の中心らしく、銀行やコンビニがあって、結婚式ができるような大型のホテルも建っている。牛丼屋の裏にピンク色の看板が見えたので交差点を右折して入っていくと、これもサウナという店名を掲げたソープランドらしき店だった。車から降りてたしかめてみるとサウナはその近辺に三軒あり、ほかにもファッション・ヘルスの看板を出した風俗店が六、七軒ある。ヘルスは新築のビルの中に入っているものもあれば、元はレストランだったような建物を改装して営業しているものもあった。

さらにクルマを走らせると工場の高い煙突が見えるようになり、知手《しって》という交差点で道が二手に分かれている。ここで左に曲がれば鹿島港や臨海工業地帯はもうまもなくのところにある。そのまままっすぐ行くと、やがて利根川を越えて千葉県の銚子まで行き着く。

Ａ君が釣りの帰りに何度か利用したという店は、大きな一軒家のような瓦屋根の建物で、看板がなかったらサウナにもソープランドにも見えないような一風変わった外観をしていた。裏が駐車場になっていて、受付は外から階段を上がった二階の端にある。ここで入浴料の五千円を払うと、すぐに女性に引き合わされた。ベテランらしい三十代の女性だった。

二階の中央には広くて長い廊下が建物のもう一方の端まで延びている。向かって右側には数メートルおきにドアが並んでいて、そのひとつに通されたのだが、広い個室にはソファーとベッドしかない。

あれ、という顔をしていると、

「あら、お客さん、ここ初めてなの？　お風呂は別になっているのよ」

と早くも服を脱ぎはじめる彼女。そういえばさっき廊下を歩いているとき、左手の方からザッパーンと湯を流す銭湯のような物音が聞こえてきたのを思い出した。つまり、マッサージをする場所と湯殿が分けられているということであり、〝サウナ〟を踏まえた構造になっているわけだ。

スリッパにはき替え、腰にバスタオルを巻いただけの姿で廊下を横切り、サッシの引き戸を開けると、十畳ほどもある浴室が出現。両隣とはパネルで仕切られているだけなので、隣室の嬌声がまともに聞こえてくる。

彼女は一週間ほど前、東京にある店からこの店に移ってきたとのことだった。体を流してくれると、エアマットを使ったサービスをしてくれた。そして再びスリッパをはいて廊下を横切り、ベッドのある部屋へ。彼女はここでもサービスを続けてくれたのだが、しばらくして時計に目をやると、

「あら大変、このお店、一分でも過ぎると延長料金取られるわよ」

といって、帰り支度をせかされてしまう。プレイ時間は六十分しかないから、たしかに手早く進行しないと、メニューをすべてこなすことはできないわけである。（一九九五年九月）

神栖町までは東関東自動車道から水郷道路を経由して都内から約1時間半。サウナの料金は総額2万1千円。ほかの店もほぼ同じ料金で統一されている。

［神奈川県横浜市］

横浜・曙町

関内駅を背にして国道16号線を少し歩くと、長者町通りと交叉する十字路に出る。その先の、国道16号線と「親不孝通り」に沿った帯のように細長い町が曙町である。戦後は百二十軒の娼家が軒を連ね、「ハマの鳩の街」とも呼ばれた戦後派《アプレ》の赤線地帯を形成していたが、売春防止法の施行とともに廃止された。

その後、親不孝通りは「おさわりバー」で勇名を馳せた時期があったものの、いわゆる風俗店は昔ながらのソープランドが二、三軒ある程度だった。ところが一九九〇年代の半ばになると、規制がゆるめられたこともあってファッション・ヘルスが猛烈な勢いで出店。現在は曙町とその周辺をふくめて約五十軒ほどが営業している。

親不孝通りの尽きるところ

年に何回か横浜に行くことがある。ＪＲ根岸線を使って関内に出る場合もあるが、都内まで地下鉄が乗り入れている京浜急行を利用することの方が多い。たいていは日の出町の駅で降りて、長者町通りにある古本屋を二、三軒のぞいてから、曙町や弥生町、真《ま》金町《がねちょう》かいわいをぶらぶらしたり、写真を撮ったりする。休憩がてら、末吉町にある「日劇」や「東映名画座」「日活千代田劇場」といった映画館に入ることもあるが、ながめる程度で最後まで観ることはまずない。夕方からはだいたい、曙町の「一番」という国道16号線に面した中華料理屋に入り、食事をしながらビール。これが一応のコースになっている。

その日も一番に入り、五目固焼きそばと漬物とビールを注文した。ビールは赤い星のマークが付いたサッポロのラガーである。ツーンと鼻をつくような、安っぽい独特の匂いがする。まわりの客も皆、生ビールではなく、大ビンで出てくる割安なビンビールの方を飲んでいる。この店の名物料理をあげるとしたら「サンマー麵」だろうか。しょうゆ味の麵の上に野菜のうま煮が載っているもので、横浜の中華料理屋のメニューには必ずあるのだが、なぜか東京では見たことがない。

会計をすませて表へ出ると、すっかり夜のとばりが下りて、国道16号線の北側に並ぶファッション・ヘルスのネオンが目立つようになっていた。店どうし鎬《しのぎ》を削っているとみえて、外観のデザインなどを見てもなかなか個性的なものが多い。アーチ型の窓や円柱で仰々しく飾られた王宮風のものもあれば、色合いが変化するネオンサインで注目を集めようとしているものもある。ビル全体が大小のネオン看板で覆われているすさまじい一画もあって、通行人が思わず見上げている。ここ一、二年の間にファッション・ヘルスが雨後の筍のように増えて、その昔新興の赤線地帯だったこともある国道16号線沿いは、こんどは新興のヘルス街として〝復活〟したかのような様相を見せていた。

国道16号線のすぐ裏手に、通称「親不孝通り」と呼ばれる通りがある。16号線と伊勢佐木町通り商店街にはさまれた谷間のような通りで、この通り沿いにも赤線時代は娼家が数多くあったといわれている。昭和四十年ごろになるとこんどはにわかに「おさわりバー」で知られるようになり、週刊誌やガイド本の常連となった。「ナイアガラ」「できしい」「サロン銀行」「港」「キャリオカ」といった名前の店があったといい、体験ルポをまじえた当時の記事を見ると、今日のピンサロの前身ともいえるようなサービス内容だったらしい。

その親不孝通りもほんの一、二年前までは地味な飲食店が飛び飛びにある程度で、おさわりバーもすでになくなっており、時代に取り残された裏通りという印象だったのだが、やはりファッション・ヘルスが目立って増えてきている。国道16号線沿いと同様、まるで飲食店という飲食店がすべてファッション・ヘルスに鞍替えしてしまったかのような、そんな印象さえ受ける。こういういい方が適切かどうかはわからないが、ここへきて、町は新たな活気を取り戻したかのようだった。

数百メートル続く親不孝通りも、進むにつれてしだいに道幅が狭くなり、やがてクルマ一台がやっと通れる程度の路地になってしまう。そんな一画の角地に、赤線時代のものと思われる、「乙女」と読めるネオン看板の残っている建物があった。一時期、喫茶店になっていたとみえてそのころの看板も残っているが、それもすでに廃業したらしく、建物は半ば放置されたような状態になっていた。

ところが今回行ってみると、建物は見当たらず、その場所には二階建てのファッション・ヘルスが新しくオープンしている。ついに建て替えられたかとも思ったが、よくよくながめてみると、店は新築ではなく、以前の建物を利用して外まわりだけ化粧直ししているようにも見えた。

中の様子が気になったこちらは、迷った末、そのファッション・ヘルスに入ってみることにした。

まずはソファーが置かれた待合室風のところに案内された。ソファーの前はマジックミラーになっていて、ミラーの向こう側の雛壇には五、六人の女の子が待機している。セーラー服や白衣など、思い思いのコスチュームに身をつつみ、落ち着かない様子で指名されるのを待っている。あっけにとられていると、案内してくれた店員がシステムを説明してくれた。基本のヘルスコースは三十分一万二千円からだが、店員はしきりと、四十分一万六千円「放尿鑑賞、パンティー持ち帰り付き」というコースをすすめてくる。キャンペーン中で割安になっているとのことだった。

雛壇の女の子の中からこちらが指名したのは、一人だけ茶髪でも金髪でも、ましてや

"ガングロ"でもない、地味な服装をしたやせた女の子だった。源氏名は「中谷」というらしい。マジックミラーの向こう側から現れた彼女に案内されて急な階段を上がり、廊下の左右に三つずつ並んでいる個室のひとつにおさまった。中は四畳ほどの広さで、室内に簡単なシャワー室も付いている。ファッション・ヘルスの個室としてはまだ広い方といえるかもしれない。

「変わった名前だね」

そう切り出してみると、

「中谷美紀って知ってる？　私、ファンなの。きれいよね、あの子」

と彼女。そういわれてみればそんな女優がいて、同性からも好かれていると聞いたことがある。

「そういえばちょっと似てるよね。俺もけっこう気に入ってるんだ。『おーいお茶』のコマーシャルに出てる子だよね」

斜視気味なところや、長身で細身なところなど、いくらか共通するところがないわけでもないので、リップサービスも込めてそういってみると、

「男の人で知ってる人って珍しいわ」

とまんざらでもなさそうな顔をしている。服を脱ぎはじめた彼女は着やせするタイプらしく、バストも意外と立派だったし、太腿からふくらはぎにかけて脚のラインもきれ

「乙女」というネオン看板が残されていた建物。
左手奥に延びる細い通りが「親不孝通り」

いにととのっていた。身長は一六七センチあるという。二人そろってすっかり脱いでしまい、狭いシャワー室におさまった。

「ねえあなた、オシッコ飲んでもいいのよ。それとも手で受けてみる?」

「えっ⁉」

「このまま立ってできるわよ。私、もう出ちゃいそうなの」

店員にすすめられたコースにしたために、マニア的な客と思われたらしい。片脚を浮かせ気味にして今にもはじめそうな彼女を制して、

「今日は見るだけでいいよ」

そういうとまもなく、盛大にしぶきをあげはじめる彼女。シャワー室の床が音をたてて黄色く染まっていき、跳ね返りもすごい。

「ねえあなた、恥かしいから、手で受けてくれる」

両手を差し出すと、たちまち温かい液体が掌からあふれ出した。

「ああ助かった。私、人前でオシッコしたの今日が初めてよ」

彼女によれば、店に入って一週間になるが、オシッコはおろかほとんど客が付かなかったらしい。たしかに、マジックミラー越しに彼女を選んだとき、店員が意外そうな顔をしていた覚えがある。放尿するときには、客が遠慮しないように、飲んだり浴びたりするかどうか事前に聞くようにと、店から指導されているらしかった。

「ねえあなた、これからお酒飲みに行かない。私、八時で上がるの」

待ち合わせをすると時間どおりに彼女は現れて、そのままどちらともなく、近くのホテルに向かうことになったのだ。（一九九六年九月）

曙町のヘルス街までは、関内駅から市営地下鉄1号線に乗り換えて、伊勢佐木長者町駅または阪東橋駅で下車、徒歩2分。あるいは京浜急行黄金町駅で下車、徒歩7分。

[神奈川県横浜市]

横浜・黄金町

戦後における横浜の色町は東から順に、遊廓から赤線に移行した真金町《まがねちょう》と永楽町、戦後できた新興の赤線・曙町と途切れることなく続き、ここまでが公許のもの。その先の伊勢佐木町通りを越えた若葉町と末吉町には旅館が多く、街娼の立つ町だったという。

黄金町《こがねちょう》はそこからさらに西寄りの、大岡川と京浜急行のガードに沿った極端に細長い町で、京浜急行は戦前からすでに高架式だったということである。終戦後、ガード下はまず住居として使われるようになり、しだいに飲食店に変わっていった。そんな店の中から女性が客を取る店が現れ、いつしかそれが主流になっていく。いわゆる青線と呼ばれるものである。売春防止法の施行にともない、一時自粛していた時期もあったが、昭和三十年代の半ばには元に戻り、ガード下の〝ちょんの間〟として現在に至っている。

よこはま、たそがれ、赤電球。

横浜駅を出た京浜急行の赤い電車は、掘割を越えたり短いトンネルをくぐり抜けたりしながら進み、ふた駅目の日の出町からは高架を走るようになる。左手には線路と平行するようにして、大岡川という川が流れている。

まもなく到着する黄金町駅は高架上にあり、風よけのある階段を下りると正面が改札口になっている。出たところは「藤棚浦舟通り」という名前の付いている四車線の通りで、横断歩道を横切るとまもなくガード下のスナック街がはじまり、ほとんど途切れることなく日の出町の駅まで続く。スナック街はガードの左右両側にあるが、どちらかといえば左側の方がメインになっているようである。

スナックは主にガード下を利用して営業している。いずれも間口一間からせいぜい二間程度のもので、よく見ると一つの建物に入り口を二つ設けて、二軒のスナックに仕立てたものが多い。もともとは橋脚と橋脚の間のひとコマごとに家があったものを、飲食店として使われるようになったさい、二つに割って二軒の店としたらしい。したがって二軒の店といってもそれは表構えだけの話で、二階に上がると案外広くて部屋数もある、ちょっとしたアパートのような構造になっていることが多い。どうかすると、ガードの左下と右下の店がつながっていることがあり、その場合には表裏左右合わせて四軒のスナックが、二階に関しては共通のスペースを使用するということになる。二階の小部屋は従業員の女性の住まいになることもあれば、客との密事のさいの房室として使われることもある。

そんなスナックがガードの左側の通りだけで七、八十軒。右側と合わせれば百二十軒

京浜急行の高架とガード下の飲食店街。突き当たりが黄金町駅

まだ営業していないガード下の飲食店

ほど。そのうちの一割くらいは酒を飲ませる普通の飲み屋で、カラオケがあり、ボトルが並んでいたりするのだが、それ以外の店はスナックといってもまことにそっけないつくりで、カウンターのほかに丸椅子が三つ四つある程度。ビールくらいは飲ませてくれそうだが、棚のボトルは空き瓶を並べただけのようにも見える。

つまり、店は主に顔見せのための場であり、交渉がまとまりしだい、ホステスと客は二階にある小部屋へ移動することになるのである。店の中は単に素通りするだけということも多い。

通りはいくつかのアーチで区切られ、「売春、暴力追放」「ストップ・ザ・エイズ」などと書かれた立て看板が出ている。ホステスはある時期から、東南アジアの若い女性がほとんどを占めるようになってきている。極端に短いミニスカートや、バストのふくらみを強調する服を選んで、手招きをしたり目で合図をしたり、ときには「お兄さん、遊びませんか」と声をかけてきたりする。日のあるうちはまだそれほどでもないが、赤やピンクの照明が目立ちはじめる時間になると、女性の数が一気に増えて、にぎわいは深夜から明け方まで続く。冬場は店の入り口に風よけのビニールが張られるのだが、タイやラオス、マレーシア、台湾といった南国出身の女性にとって、日本の寒さはこたえるはずである。

東南アジアから来る女性が目立つようになったのは、一九八〇年代の終わりごろからだろうか。それまではほとんど日本人だったような気がする。外国人女性もいたことはいたが、中国系の人ばかりだった覚えがある。いずれにしても若い女性はまれで、二十代後半から四十代くらいの年増がミニスカートから大根足を出して、玄関の前に立ったり、椅子に座って脚を組み替えたりしながら客を誘っていた。

その日も曙町の中華料理屋「一番」で食事をすませたこちらは、「日劇」のある通りを酔い覚ましに歩いているうちに、大岡川の川岸まで出てしまった。末吉橋という橋を渡り切ってしまえば、そこはもう京浜急行のガード下である。川べりを少し右に行くと、湧き水が常に出ている囲いの設けられた場所がある。いつもそうしているように、冷たい湧き水で手を洗った。

店の数や女性たちの様子に変化がないことをたしかめながら、ガード下のスナック街を日の出町に向かって歩いてみた。時間が早いせいか客の姿はほとんど見られないが、その分女性たちの注目を一身に集めることになってしまった。アーチを二つ、三つくぐり抜けるとようやく店もまばらになり、落ち着いて歩けるようになる。そうして日の出町の駅の近くまで来たときのことである。

「ねえ、一本飲んでって」

と声をかけてきた日本人の女性がいた。年齢は三十代の後半くらい。きりっとした顔立ちの美人である。

「あたしでもいいけど……中にもう一人、今日だけしか出てない子がいるの。ねえお兄さん、顔だけでも見てってよ」

吸い寄せられるように入ると、店はこの通りにしてはわりと広く、大型のカラオケセットも置いてある。本来は酒を飲ませるタイプのスナックらしかった。ボックス席があり、似たような年恰好の女性がうつむき加減にたばこを吸っていた。

「その子、本当に今日だけなのよ。あたしはいつもここにいるから、今日はその子と遊んでみてよ」

狐につままれたような気分だったが、承知すると声をかけてきた方の女性が料金の一万円を受け取り、もう一人の彼女とこちらは奥にあった狭い階段を通って二階へ。そこは八畳ほどもある畳敷きの部屋で、すでに布団が敷かれている。

「本当に今日だけなの？」

「あの人の友達なの。これから遊びに行くところなのよ。あんたも少しは軍資金を稼ぎなさいって」

布団に入ったものの、彼女はもじもじしながら、

「あのぉ、どうすればいいの。わたし、本当にこういうところで働いたことないの。風俗の人ってみんなうまいんでしょ」

話しぶりからみて今日だけのアルバイトというのはたしかなようだった。そしてもうひとつ驚いたのは、彼女の背中一面から太腿にかけて、立派な彫り物が入っていたことである。（一九九七年三月）

高架下のスナック街までは、京浜急行黄金町駅、または日の出町駅から徒歩2分。
料金は本文のとおり。時間は20分から30分程度。

［神奈川県横須賀市］
横須賀

横須賀は鎮守府が置かれていた海軍の要衝で、戦後になると、軍港をふくめ広大な敷地が米軍の基地として接収された。

遊廓はもともと「柏木田《かしわぎだ》」（現在の上町《うわまち》三丁目）に置かれていたが、それとは別に大正期、漁港のすぐそばの安浦の海岸が埋め立てられて新開地がつくられた。開業当時は八十八軒。昭和三十年発行の『全国女性街ガイド』によれば、百五十軒の店に四百人の女性がいたとある。売春防止法が施行されたあともなぜかにぎわいは変わらず、たとえば昭和四十五年ごろには約四十軒が旅館の名目で営業していた。当時の料金はショート（十五分）が三千円、時間（三十分）が六千円、泊りが一万円で、前日から泊りがけで遊びに来る釣り客も多かったという。その後、漁港をふくむ安浦の海は干拓されてしまったが、現在もわずかに色町の命脈は保たれているようだ。

漁港の町の娼館で

大学生のころ、少なくとも十回は横須賀に遊びに行ったと思う。こちらの興味はもっぱら「スカジャン」だった。サテンの生地に鷲や虎や龍といった、いかにも日本的な刺繡がほどこされた派手なジャンパーのことで、朝鮮戦争のさいに、米兵のお土産用として作られたのがそのはじまりだという。

米兵が闊歩《かっぽ》する「ドブ板通り」にもスカジャンの専門店がいくつかあったのだけれど、こちらが気に入って通っていたのは、上町にあった店だった。丁寧な刺繡もさることながら、この店のものは袖丈がやや短く、そのせいか体にぴったりとフィットした。すぐそばにトルコ風呂があるというのも何か妖しい感じがしていた。あとで知ったことだが、上町は戦前まで遊廓が置かれていたその昔の色町だったのだ。ただし遊廓は戦時中に全焼して廃業したといい、とくに名残は残っていなかったような気がする。トルコ風呂も、こちらが見た「上町」という名前の店一軒だけしかなかったらしい。

その後、足が遠のいていた横須賀にまた出かけるようになったのは、十年後の一九八〇年代半ばのことだった。横須賀中央駅のひとつ先の、京急安浦駅（現・県立大学駅）を降りたところにある旧赤線の町が好きになって、写真を撮りに行くようになったからである。

屋根のとがった教会のような駅舎を出ると、ごく小さな駅前広場と売店がある。駅の裏手にはすぐ山が迫り、もう一方は港に続くなだらかな坂道になっている。そば屋、喫茶店、ビリヤード場の順に店が並び、向かい側には木造の銭湯。そのあたりまで来ると磯の香りが感じられるようになって、まもなく見えてくる国道16号線を渡った先が、かつての赤線の町だった。左手に神社があり、通り越すと左側一帯が漁港、右側には「あずま通り」と書かれたアーチが立っていた。

あずま通りはどちらかといえば商店の多い通りだが、それでも入ってすぐのところに赤線時代からのモルタル造りの二階家があり、屋号もそのまま残されていた。飲み屋も点々と連なっていて、その中には「WELCOME AMERICAN」という看板を出したバーも見られた。娼館らしい特徴のある建物が多く残っていたのは、一本海寄りの「中通り」と「海岸通り」で、腰回りにタイルをあしらったカラフルなものや、いわゆる擬洋風建築式のもの、料亭か待合を思わせる純和風のものなど、さまざまな形式の建物が同居していた。住宅になっているものもあったが、多くは「旅館」の看板を掲げて営業しており、当時はそんな旅館が二十軒近くあったと思う。「むらさき」という屋号の旅館などは、国道16号線から見えるところに毒々しい紫色のネオン看板を出していた。

安浦が昼間とちがう顔を見せはじめるのは夜の七時ごろである。外で遊んでいた子供が家に帰るのと入れ替わるように、どこからかポン引きが現れるのだった。同時に、肌で感じる空気も艶めいてくるような気がした。旅館にはたいてい何人かの女性が詰めている。建物だけでなく、そこでは色町としての機能も失われてはいなかったのである。

それからさらに十年――。

新しい地図を見ると、漁港をふくむ海は埋め立てられてしまい、平成町という町ができている。海に面していた安浦町三丁目は内陸に引っ込んだかたちになっている。噂によれば、旅館もだいぶ少なくなっているということだった。

横須賀に着いたこちらがまず向かったのは、上町だった。歩いているうちに少しずつ土地勘が戻ってきたものの、広い通り沿いにあったスカジャンの専門店も、そばにあったはずのトルコ風呂もなくなっていた。

安浦に移動して漁港のあったところに行ってみると、まだ工事が続いているとみえて、かつての海岸線は高い鉄の塀で囲われている。あずま通りのアーチが健在だったことをたしかめてから、中通りにある一軒の旅館に入ってみた。営業している数少ない店の中では清潔そうだったし、部屋数も多いようにみえたからである。玄関のほかにのれんのかかった勝手口があったので、そこから声をかけてみると、しばらくしてから男が出てきた。派手なジャガードのセーターを着た、こわもての中年の男だった。とりあえず料金を聞くと、

「このあたりは全部これだよ。十五分だけど……」

といって片手を広げてみせる。つまり五千円という意味である。

承知すると男は先に立って長い廊下を歩きだす。突き当たりにある階段を上がって二階へ出ると、廊下を中ほどまで進み、引き戸が半開きになっている部屋の前で足を止めた。

年末の旅館街。大掃除の日だったのか、
毒々しいピンク色のシーツが何枚も干してあった

「じゃあ、ここで待っててね……」

通された部屋は四畳半ほどの広さで、畳の上に赤いカーペットが敷き詰められている。厚いマットレスの上に布団が敷かれて、枕は二つ。電気毛布のコードとスイッチが掛布団からはみだしている。デコラのちゃぶ台の上には旧式の赤いテレビが載っていた。

まもなく階段のきしむ音が聞こえて、スリッパのペタペタという音が近づき、引き戸が開かれると、

「あら、おひげが素敵ね。芸術家の人かしら」

と彼女。現れた女性は真冬だというのにナイロン地の赤いボディコン風のものひとつで、目の粗い黒の網タイツをはいている。年齢は三十代の半ばといったところだろうか。

たちまち一糸まとわぬ姿になってしまうと、布団にもぐりこんで、

「さあさあ、あなたも早くあったまって……」

少し遅れて布団に入ると彼女は身体をくっつけてきた。その肌がじっとりと汗ばんでいるのは、休む間もなく客の相手をしているためだろうか。衣笠の自宅から週に五日、バスで通ってきていることなどを話してくれた。

やがて時間がくると、ばたばたと彼女は出ていってしまった。客の方も用がすんだら勝手に出ていけばいいとのことだった。二階の廊下の左右には、振り分け式に全部で八つの部屋がある。一階は片側が亭主や女性のいるスペースらしく、話し声も聞こえてく

る。もう片側には二階と同じような部屋が三つ四つ並んでいた。

八時を回り、こちらと同じ目的で歩いている男たちの姿も見かけるようになる。出勤時間なのか、金髪にパーマをかけた派手な服装の女性が旅館に入っていくうしろ姿を目撃する。ポン引きも健在で、男女合わせて六、七人が町の中を蠢《うごめ》いている。

「へへへ、さっきからずいぶん歩いているじゃない。もう一回どう?」

「今日はもういいよ。勘弁してくれよ」

そういってポン引きを遠ざけてから上がったのは、先ほどの店からあまり離れていない、しもた屋風のこぢんまりとした旅館だった。玄関を開けるとチャイムが鳴り響き、奥から着ぶくれしたおばさんが出てきた。

「いらっしゃい。お兄さんちょっと待っててね。すぐに女の子が来るから。テレビでも観ててくださいよ」

そういわれてとっつきの三畳間に通されると、しばらくしてチャイムが鳴り次の客が入ってくる。おばさんは同じように「女の子はすぐに来るから……」と説明して、二人組らしい客を隣の部屋に通したようだった。そのうちにまたチャイムが鳴って客が入ってくると、こんどは常連客らしく、「こないだ入った○○ちゃんだっけ。あの子を頼むよ」と、指名をしている。

みたびチャイムが鳴り響き、いよいよ女の子が出勤してきた気配。ずらりと並んだ靴でも見たのか、「えーっ、こんなに待ってるのお」と悲鳴にも似た声が聞こえてくる。気付いたのはやはり、この出勤してきたばかりの女の子だった。二階にある部屋に案内してくれると、

「みんななかなか出てこないんだもん、いっつもあたしが最初なの」

と愚痴をこぼしたものの、十五分五千円の「遊び」ではなく三十分一万円の「時間」に決めると、いくらかほっとしたような顔をして、布団の上にバスタオルを敷き、仕事の準備に取りかかったのである。（一九九四年十二月）

京急安浦までは、京浜急行の特急と各駅停車を乗り継いで品川から1時間強。あずま通りまでは徒歩5、6分。料金は本文のとおり。

吉原

［東京都台東区］

「吉原」という町名が地図から消えたのは昭和四十一年。地元の自治会でアンケートが取られ、吉原六町から「千束」という町名へ変更する票が多数を占めた結果だったという。高度成長期の只中、国中が新しいものを追っていた時期であり、全国規模で「町名変更」が実施されていた。都電の路線が次々と廃止されていったのもこのころだった。

同じ年、これも全国的にソープランドの営業許可区域が定められることになり、東京では新宿、池袋、吉原の、それぞれ一部の区域が指定地になった。吉原は京町一丁目、二丁目の全域と、江戸町一丁目、二丁目の東側半分が不許可。それ以外の区域では、ソープ街化が加速していった。なお、「トルコ風呂」から「ソープランド」に呼称が変更されたのは昭和五十九年（一九八四年）のことである。

赤線後の風俗とソープランド

風俗情報誌『シティプレス』のガイド地図によれば、吉原で現在営業中のソープランドは百五十四軒。バックナンバーの同じ欄を調べてみると、過去二十年近くにわたり、ほぼ同じ軒数で推移してきたことがわかる。吉原のソープ街が現在あるようなかたちをととのえたのは、ほかのソープ街と同じように、昭和四十年代の後半から昭和五十年代の前半にかけての時期だったようだ。

『トルコロジー』（広岡敬一著／晩聲社・昭和五十三年発行）によれば、吉原で第一号のソープランド（当時は「トルコ風呂」）が開店したのは昭和三十三年の七月。その二年後には十六軒に増えている。東京オリンピックが開催された昭和三十九年に入ると、施設の構造や営業時間、服装、サービスなど、条令による規制が強化されて一時衰退したものの、風営法改正によって禁止除外区域（営業許可区域）に指定された昭和四十一年から再び増えていき、その年には三十三軒。昭和五十年には六十五軒にまで増えた。『トルコロジー』が出版された昭和五十三年には八十五軒が営業中で、その年の暮れには百軒を超える、と著者の広岡敬一氏は予測している。別の資料では、昭和五十五年の時点で、建設中、申請中のものをふくめて百五十軒を突破したとある。

昭和三十一年、鳴り物入りで売春防止法が成立し、翌年四月一日に施行。一年間の猶予期間を経たのち、罰則をともなって全面施行されたのが昭和三十三年四月。それから約二十年にして、吉原は全国でも有数のソープランド街として、再び名を成すことになってしまったのである。その間の顚末については前出の『トルコロジー』が生き生きと伝えてくれているのだが、今となって思えば、なんともあっけない色町・吉原の復活劇だったといえないこともない。

ソープランドという業種は、正式には蒸し風呂を備えた「個室付き特殊浴場」であり、もちろん売春（本番サービス）は禁じられているにもかかわらず、ほとんどの店がそれを前提として営業している。理由として考えられるのは、営業許可区域をきびしく限定したことによって、かえって了承を与えたかのようなニュアンスになってしまったことがまずひとつ。もうひとつは、やや抽象的になってしまうが、高度成長期を迎え、大衆のエネルギーの受け皿として必要だとの認識が根強かったこと。どちらも推測にすぎないが、それほど見当違いではないはずである。

いずれにしても、実質的には新たな「赤線」の出現であり、大げさにいえば、歴史の中でつねにくりかえされてきた集娼政策のひとつだったといえる。特定の区域に店を集めるということは、風紀上の理由はもちろん、検診など衛生面の管理が容易になるし、今はそれほどでもないのかもしれないが、かつては莫大な額に上る徴税をスムーズに行うために、とくに重要な政策だったのである。

思えば、赤線の時代は昭和二十一年の終わりごろから昭和三十三年までのわずか十年余り。それに対して、ソープランドの時代はその何倍にも及んでいる。そしてこの先、そう簡単になくなるとも思えないのである。ちなみに、昭和五十年代の後半から登場してきたファッション・ヘルス、イメクラ、性感などの「ニュー風俗」は、本番サービスを行わないことによって売春防止法との抵触を避けた、いわば隙間産業的なものばかりだ。

ところで、ここで気になるのが、吉原がソープランド一色になる以前の、昭和三十年代から四十年代半ばにかけての〝赤線後〟の時期についてである。二百七十軒あったとされる特飲店と呼ばれる赤線の店は、旅館や飲食店に転業したり、アパート、住宅、工場などに変わっていったのだけれども、性的な風俗が全く存在しないというわけではなかったようだ。当時の週刊誌やガイド本を見ていくと、この間の主な業種は次の三つだったことがわかる。まずはこれまで述べてきたソープランド（トルコ風呂）。おでん屋の屋台を交渉場所とする「屋台売春」。そして「パンマ」と呼ばれる業種。いずれも吉原特有のものではなく、そのころ全国的に流行していた赤線後の代表的な風俗だった。

このうちトルコ風呂は草創期を経て、昭和三十年代のある時期から三段階に分かれたサービスが定着するようになった。「スペシャル（手によるサービス）」「ダブル・スペシャル（客側からもタッチ可）」「本番」というもので、料金の相場もだいたい決まっていたが、本番は店によって、あるいは女性によって可能だったりそうでなかったりした。今日あるような、マットプレイなどさらに複雑なサービスが行われるようになったのは昭和四十年代後半のことである。

次の「屋台」は、今の感覚では最もわかりづらい風俗なのだが、当時の記事を見ると案外システム化されていたことがわかる。それによれば、屋台には持ち主の下にまず雑役係の男がいて、おでんを仕込みショバに運ぶまでが役目。ころあいをみて女性の〝売り子〟と交代するが、彼女は無給で、屋台をおとずれた客との交渉がまとまると店を空けたまま近くの旅館に同伴して稼ぎ、あとで持ち主がマージンを受け取る仕組みだったという。つまり、街娼を複雑、巧妙にしたようなものといえるかもしれない。昭和三十九年ごろには、そんな屋台が仲之町などの通りに四十台ほども一定の間隔をおいて並んでいたという。ちなみに屋台売春のメッカは山谷で、こちらは百台出ていたというからさらにすさまじい。

そしてパンマということになるのだが、まずはその語源について。『現代水商売うらことば』（中田昌秀著／湯川書房・昭和五十四年発行）という新書判の辞典によれば、〈売春もするマッサージ師。パンパンと按摩の合成語。大阪で生れた〉となっている。「パンパン」にも諸説あるようだが、ここでは娼婦というくらいの意味でいいかと思う。つまり、マッサージ治療院に所属している女性が、密かにそれ以上のサービスを行うというものである。

『週刊大衆』の既刊号の中から性風俗に関する記事だけを集めた、『線後を彩った女たち』（双葉社・昭和六十二年発行）というムック本を見ていくと、昭和三十三年六月九日号で早くも、「東京は〝パンマ〟ブーム」という見出しの付いた記事を見つけることが

吉原にいくつかある転業旅館のひとつ。
この建物は赤線時代のものをそのまま使っているように見える

できる。熱海の名物だったパンマが東京でも流行しはじめて、警視庁保安課が内偵を進めているといった当時の状況が簡単に記されている。昭和四十一年九月一日号の吉原の特集記事には、これもパンマの摘発にあたった警視庁の担当者の話として、〈調べた女マッサージ師百二十二名のうち、十六歳から十九歳までの少女が五十人。その全部が無免許で、客の求めに応じ、〝スペシャル〟〝売春〟などを行っていた〉という記述がある。また同じころ、『アサヒ芸能』にも「手っ取り早いアンマコース」と題する吉原のパンマに関する記事があり、こちらは体験ルポ風で、夜の十二時ごろ適当な旅館に入ってマッサージを呼ぶと、二十歳過ぎの女性が現れて、料金はスペシャルが千五百円、ダブル・スペシャルが二千五百円、本番四千円とトルコ風呂風に定価がスライドしていった、といった生々《なまなま》しいレポートがある。

以上でなんとなく、パンマというものについても、おわかりいただけたかと思う。そしてつけ加えておかなくてはならないのは、パンマは屋台とちがって、いまだ現役だということである。このところの「裏風俗」ブームで派手に取り上げられ、昨年来何軒かの旅館が摘発されたとも聞くが、できるだけそっとしておいてほしいものである。ちなみにパンマというのは蔑称だから、「マッサージさん」くらいにしておくのがいいかもしれない。（二〇〇四年十二月）

パンマの料金は本文のとおり。ほかに旅館代が数千円かかるが、女性が帰った後、そのまま宿泊することも可能である。旧廓内に10軒ほどあるすべての旅館やホテルで呼ぶことができる。

北陸・中部

名古屋市内にかつてあった赤線「八幡園」の建物に残されていた装飾

［富山県富山市］
富山

戦後間もないころの富山の色町については、『全国女性街ガイド』が生き生きとその様子を伝えてくれている。それによれば、赤線は整理がつかないほど跋扈《ばつこ》していたといい、まずは遊廓だった「東新地」の中の仲ノ町、南町に五十三軒、百八十五人。そのほか、総曲輪《そうがわ》周辺に「新世界」「自由街」「楽天地」など十カ所、合わせて三百人。青線に関しても、〈駅前群と総曲輪群に分かれて大混乱〉といったことが書かれている。

また、花柳界があったのは市内の桜木町と、東新地の中の北ノ町で、芸妓については、〈越中美人は色白い肌をした瓜実顔で、くちびるは厚く、いくらか反っ鼻だが、性質は加賀に似てしんねりとした芯がある。馴染むまでは、一口にいってつき合いにくい女たちである〉と記されている。

桜木町で痛飲した「三笑楽」

関東出身のこちらにとって、富山県というのは、どちらかといえばなじみの薄い地方である。思い浮かぶことといったら、例の置き薬の行商くらいのものだろうか。県民性は堅実をモットーとしていて、持ち家率が高いとされている。そういわれてみれば、学生時代に富山県出身の同級生がいて、文学部のわりには堅実なタイプだったことを思い出した。富山市の一流企業に就職し、家も富山市と実家の近くの両方に建てたと伝え聞いている。

とはいえ、付き合いもあるだろうし、彼だってたまには、盛り場のある桜木町あたりにくり出しているにちがいない。ただ、もうだいぶ出世しているはずだし、中年過ぎのいい年でもあるし、こちらが取材で出入りするようなところではなく、どこか高級な場所で遊んでいるのだろう。

富山に着いたこちらは、駅を出てさっそく桜木町に向かおうとしたのだが、ロータリーから電車通りを渡った真向かいに、見るからに古めかしい飲み屋横丁があることに気がついた。両脇には新しいビルが建っているが、横丁の中に足を踏み入れると、そこだけ時間が止まったような状態になっている。すすけた看板を出している一杯飲み屋や大衆食堂は、どれを見ても年代を感じさせるものばかりである。場所から推察して、あるいはここが『全国女性街ガイド』に登場してくる「駅前群」の青線の跡なのかもしれない。横丁は二十メートルほどで早くも突き当たってしまうが、そこは意外なことに映画館の入口だった。「富山駅前シネマ」という成人映画の専門館で、裸体のポスターやスチール写真などが目に飛び込んでくる。角にはなぜか立派なお稲荷さんもあって、そこで右に折れると飲食店がまたしばらく続き、抜けると駅から延びる「城址大通り」という広い通りに出る。横丁はおそらく地元の人ならだれでも知っているような場所で、何か特別な名前が付いているのかもしれない。

城址大通りをしばらく歩くと、やがて市役所と県庁が向かい合っている場所にさしかかる。さらに少し行くと町名が桜木町に変わり、大通りの左手一帯が大規模な盛り場になっていた。クラブやスナック、割烹、居酒屋などの飲み屋がひととおりそろい、風俗店もかなりある。派手なイラスト調の看板を掲げた「ハッスルキャバレー」なるものが六、七軒、チェーン展開している。ピンサロらしいチェーン店も、同じように町のあちこちに支店を出している。それ以外にもピンサロやヘルスと思われる店がずいぶんあるし、中国人の女性が表で客を引く「エステ」も一軒あった。料亭もいくつか見られるが、検番や置屋はなく、芸者がいるような雰囲気ではない。

遊廓があった郊外の「東新地」の場所についても、その日のうちにたしかめるつもりでいたのだけれど、結局果たせないまま終わってしまった。暗くなるまで探したものの、一向にそれらしい場所に行き当たらなかったのである。東京に帰ってから調べ直してみたところ、見当違いの場所を歩き回っていたらしい。

けれども全く収穫がなかったわけではなく、東新地に向かっていたとき、偶然通りかかった飲み屋横丁が、これも『全国女性街ガイド』に登場してくる赤線「新世界」の名残と思われる場所だった。L字型の路地に飲食店が並ぶほんの一握りの一画だが、「新世界」と書かれた看板が今でもちゃんと出ている。ほとんどはこざっぱりとしたスナックや小料理屋に建て替えられているが、中には戦後すぐからのものと思われるタイルを使った建物や、看板にアメリカ調のレタリング文字の残る建物があり、わずかに赤線時代の面影を残していた。

その晩、桜木町のはずれにある炉ばた焼の店に入ってみると、驚いたのはカウンターを囲んでいる客が、中年の男と水商売風の若い女性のカップルばかりだったことである。八時になると一斉に会計をすませて出て行ったことからみて、どうやら一組残らず同伴出勤の途中の男女だったらしい。こちらはせめて食道楽をしようと、白エビの刺身とイカの黒造りを肴に、「三笑楽」という地酒を燗で飲んだのだが、この酒がいやに甘口でしかもべたべたする。

店を出て酔い醒ましに町を歩いてみると、いやがうえにも目に入ってくるのは、ハッスルキャバレーのイラスト調のネオンである。町のあちこちにあるので、ひとつやり過ごしても、またすぐに別の店のものが目に入ってくる。表に立っているボーイに聞いてみたところ、料金もそれほど高くはなかったので、話の種にでもなればと入ってみることにした。

市内を流れる鼬川のそばに、
旧赤線「新世界」跡と思われる飲み屋横丁があった

「ハッスルキャバレー」が多い富山随一の盛り場、桜木町界隈

地下にあるフロアーは思ったよりも窮屈で、ミラーボールがせわしなく回り、大音量の音楽が流れている。ソファーが前に向かって一方向に並んでいるあたりは、どう見てもピンサロ風である。ただしピンサロのような露骨なサービスはなく、おさわり程度というから、秋田で行った「ハッスルパブ」と似たようなものらしい。

席に案内されると、すぐに「ひろみ」という女の子が付いた。年齢は二十二歳。丸顔、ポッチャリ型。地元出身で、いかにも人の良さそうな顔をしている。膝の上にまたがってくると、さっそく目の前で上半身をはだけてから、唇を押しつけてくる。かと思うと、豊かなバストでこちらの顔をはさんだりする。まわりを見回してみると、この店も炉ばた焼の店と同じように中年の客が多く、皆が皆、同じようなことをやっている。

ところがこちらは、さっき飲んだ甘口の「三笑楽」が効いてきたらしく、目の前がぐらぐらしたかと思うとこんどは脂汗がにじんできて、そのうちに寒気までしてくる。そしてついに吐き気をもよおしたところで、彼女に頼んでトイレに連れて行ってもらうことにした。

もどすだけもどして正気を取り戻し、腕を支えられて席まで戻った。するとと彼女はまた先ほどのサービスを続けてくれたのだが、吐いたばかりで口もすすいでいないのに、さらに激しく唇を押しつけてきたのには驚かされたものだった。（二〇〇一年十月）

桜木町までは駅から徒歩15分。または駅前から路面電車の市電に乗って、さくらばし停留所で下車。ハッスルキャバレーは30分5千円。ピンサロは35分7千7百円でほぼ統一されている。

［新潟県新潟市］

新潟

新潟の遊廓は市街の最も北にあたる本町通十四番町付近に置かれ、通称「十四番町」と呼ばれていた。昭和初期には九十四軒の妓楼に約五百人の娼妓がいたとされ、戦後はいわゆる赤線に移行した。赤線はほかにも、秣川岸通《まぐさかわきしどおり》の「眼鏡橋」と、新潟港に近い「山ノ下」にもあった。現在の風俗産業では、代表格といえるのが古町通五番町にある「昭和新道」のソープ街。そのほか、駅前と古町にピンクサロンの多い一画がある。同じく駅前にはヘルスなどのニュー風俗もわずかながら見られる。

一方、花柳界がさかんなのは古町通八番町から九番町にかけてで、現在も「鍋茶屋」をはじめとする料亭や割烹、すし屋など三十軒に芸妓が入る。また、信濃川の南側の沼垂《ぬつたり》にも、もうひとつ花柳界があったが、こちらはすでに廃業している。

古町の女、昭和新道の女。

富山で二泊したこちらは、かねて予定していたとおり、新潟へ向かうことにした。富山から新潟までは、北陸本線と信越本線を乗り継ぐ直通の特急でも三時間はかかる。途中の柏崎にある原子力発電所を車窓からでも見てみたいと思っていたのだけれど、列車は直前でカーブして、それまでの海沿いから内陸部を走るようになる。

新潟には三年前にも一度来たことがあり、今回が二度目ということになる。駅前のホテルで旅装を解いたこちらは、まず手はじめに、前回見ていなかった駅の近くの盛り場をたしかめてみることにした。ムック本などによれば、その付近にもピンサロなどの風俗店がずいぶんあるということだった。

駅前ロータリーを背にして延びる大通り「柾谷《まさや》小路」を少しだけ歩き、右側のブロックに入っていくと、その先にどことなく懐かしさを感じさせる飲食店街が広がっている。庶民的な食堂や飲み屋、パチンコ屋にまじって、ピンサロらしき風俗店がずいぶんある。数えただけでも十軒近くあって、中にはもう営業している店も見られるが、猥雑な店名や看板の文句などが町の風景にすっかり溶け込んでいる。奥の方にはラブホテルが点在する一画もあり、古町まで行かなくとも、ここはここで独立した盛り場になっているようだった。

柾谷小路に戻ってしばらく歩くと、といっても二キロ近く歩く必要があるのだが、やがて信濃川にかかる万代橋に出る。石造りの橋は全長三百メートルほどあって、「水の都」を謳う新潟市のシンボルになっている。

さらに歩くこと約一キロ。ようやく繁華街らしくなってきたところで、車の往来が激しい東堀通という通りが現れる。柾谷小路と交叉するこの通りと、少し先の西堀通にはさまれた町が、新潟を代表する盛り場の「古町」である。こちらは信濃川の写真が撮りたかったのでわざわざ歩いてきたのだが、バスかタクシーを使うのが一般的で、そうでないと古町で遊ぶ前に体力を使い果たしてしまうかもしれない。

盛り場の中心は交差点の右側にあたる古町通八番町から九番町にかけてで、狭い通りの左右に飲み屋が密集している。「新潟美人」の本場とされる花柳界の中心でもあり、昭和初期から昭和三十年代にかけては三百人の芸妓がいた。そのころほどではないにせよ、花柳界は今もさかんで、古町通を歩いていると料亭などに出入りする芸者さん（芸妓と同義）の姿を見かけることがある。九番町のはずれまで行くと、ピンサロと思われる風俗店も何軒か見られた。

柾谷小路をはさんで八番町、九番町とは反対側の古町通五番町に、「昭和新道」と呼ばれる通りがある。通りには点々と八軒のソープランドが連なっており、新潟県ではここが最大のソープ街になっている。ということは、この町もまた昭和四十一年の風営法改正後、ソープランドの禁止除外区域（営業許可区域）に指定されて、その後ソープ街に変貌を遂げたとみるべきなのだが、はたしてそれ以前はどのような町だったのか。

禁止除外区域の決め方は都道府県ごとにまちまちだったらしく、旧遊廓、旧赤線だった場所が指定地になっていることもあれば、花柳界があった二業地や三業地が指定され

通り沿いに八軒のソープランドが営業していた古町通五番町。
通称「昭和新道」

ていることもあるし、温泉地や港町の場合もある。あるいは全く盛り場とは縁のない場所が指定地に決められて、新興のソープ街ができたというケースもある。あくまで想像だが、昭和新道のある古町通五番町は、八番町や九番町よりは格下の、枕芸者専門のような花街だったのではないかとにらんでいる。

喫茶店で休憩を取ったこちらは、いよいよ昭和新道の通りに入ってみることにした。少し行くと呼び込みの立っている店があり、じっとこちらを見ているので無視するわけにもいかず、料金を尋ねてみると、総額で二万円だという。そして「ここから先は高いですよ」という。ひととおり歩いて同じように呼び込みに料金を聞いてみたところ、ほかの店も総額二万五千円程度だからそれほど差はないが、何かの縁だと思い、最初に話を聞いた店に入ってみることにした。時代がかった店名の、内も外も武家屋敷風につくられた和風の店である。

付いたのは、こちらよりもいくらか年上と思えるお姐さんだった。「みつ」という源氏名なので「おみつさん」と呼んでくれという。丸顔で唇が厚ぼったいところといい、やや斜視気味なところといい、いかにも雪国新潟の女性という顔をしている。思ったとおり生まれも育ちも新潟の市内だといい、まだ独身を通していて、両親と一緒に実家で暮らしているという。

やがて浴槽に湯がたまり、風呂場の方に移動したのだが、おみつさんはマットプレイで使うエアマットの調子が気になるらしく、手で押したり足で踏んだりしてしきりに具合をたしかめている。そして、「ああ、また抜けてるわ」とため息をつく。何かと思えば、エアマットのどこかに穴が空いているため、すぐに空気が抜けてしまうのだとか。「漏れてる場所がわからないのよねえ」といって専用の空気入れを取り出すと、慣れた調子で空気を入れはじめた。

空気が漲《みなぎ》るエアマットを使ったおみつさんのサービスは、年季の染みた味わい深いものであった。

一段落したところでベッドのある部屋に戻って待っていると、いかにもひと仕事終えたという表情でおみつさんも戻ってきた。そしてたばこ入れからショートピースを出して火をつけると、立て続けに二本灰にしてしまう。思わず感心すると、強いのはたばこだけでなく酒もで、仕事を終えると必ず行きつけのスナックに寄って、ウイスキーのボトルを半分、それも決まって一時間半で空けるのだと、渋い声で話す。

ベッドの傍らにはなぜか本棚が置いてある。ぎっしり詰まった本の大部分は投資や金融に関するもので、ベストセラーになった『金持ち父さん　貧乏父さん』があったので面白かったかと聞くと、それほどでもないという。

聞けば金融業の正式な免許を持っているといい、個人で開業したこともあるが、貸し倒れになったことが二度あってさほど儲からなかったと、そんなことも話してくれたの

だった。（二〇〇一年十月）

古町までは駅から約3キロ。昭和新道までは古町通七番町の交差点から徒歩5分。遊廓跡のある本町通十四番町までは古町通七番町の交差点からさらに2キロほど歩く。ソープランドの料金は本文のとおり。

金沢

［石川県金沢市］

戦前まで、金沢にはいくつもの遊廓があった。「東廓」「主計町《かずえまち》」「西廓」「北廓」が代表的で、いずれも娼妓と芸妓が同居する格式の高い場所だった。その一方、庶民が出入りする場所としては、東廓のそばの「愛宕」、西廓のそばの「石坂《いしさか》」があり、戦後はともに赤線として栄えた。このうち石坂の方は、「連れ出しスナック」のかたちで現在も色町の名残を留めているという。

盛り場の片町や香林坊にソープランドやヘルスといった風俗店は見当たらず、わずかにピンサロが二、三軒ある程度。活況を呈しているのはここでもハッスルパブで、片町では八軒がチェーン展開していた。ほかに、同じ片町の飲食店街「新天地」には、青線の流れをくむピンクサービス付きのスナックがある。

色町の名残を留める「いっさか」

函館のときもそうだったように、今回も漫画家の平口広美さんの取材に御一緒させていただく二人旅である。羽田から小松空港まで空路で一時間。さらにバスで一時間。金沢市内の片町交差点でバスを降りた平口さんとこちらは、とるものもとりあえず、「石坂」を目指してみることにした。なぜなら「裏風俗」を特集したムック本などがさかんに取り上げて、女性とデートできるスナックの体験レポートを載せていたからである。

空を見上げると、雷雲のような重たい雲がかかっている。かと思うとたちまち雲が切れて薄日が射しはじめる。ときおり雪もぱらつく。なんとも気まぐれな空模様だが、これが雪国特有の気候らしい。

傘を買おうか買うまいか迷っているうちに犀川に出てしまい、橋を渡って広小路を右に曲がると、早くも「西廓」の入口に出てしまった。片町交差点から歩きはじめて、せいぜい十分といったところだろうか。奥に延びる一本の通りがカラフルに舗装されて、左右に二階建てのお茶屋が並んでいる。観光客の姿も目立つが、ここは今でもお座敷遊びができる現役の花街のひとつである。西廓のほか、「東廓」「主計町」にもそれぞれ別の検番があり、土地ごとの花柳界の伝統を受け継いでいる。

西廓の中にある「にし茶屋資料館」の角を右に曲がってしばらく行くと、掘割にかかる小橋が見えてくる。渡った先がかつて赤線があった石坂で、地元の人は「いっさか」と発音する。ちょっと見たところでは静かな住宅街だが、それにしてはスナックの数が多すぎる。スナックはタイルで飾られた赤線時代の建物を使っているものもあれば、新しいものもあるし、あるいは飲み屋小路式にかたまっていたりと、さまざまである。今は住宅になっている家の中にも、玄関まわりにモザイク状のタイルが使われた和洋折衷の建物がずいぶんある。石坂はかつて、町全体がタイルの見本市のようだといわれたほど、タイルで装飾された娼家の多い町だった。

ざっと一周したところで片町に戻り、予約しておいたビジネスホテルにチェックインした。

時間を見計らって再び石坂に向かうと、掘割にかかる小橋の先に人だかりができている。よく見ると女性ばかりで、スナックの店先に石油ストーブを持ち出し、暖を取りながらおしゃべりをしている。平口さんとこちらの姿を認めると若い女の子はどこかに引っ込んでしまったが、ママさんらしい女性は残り、さっそくアプローチをかけてくる。鴨がネギを背負ったような顔つきの男二人は、たちまち海千山千のママさんに引っぱり込まれてしまうのであった。

店はカウンターのほかにスツールが四つ五つあるだけの簡素なものだった。ママさんは年のころ五十歳くらい。水商売上がりらしいなかなかの美人で、見たところあまり阿《あ》漕《こぎ》な真似をするようには見えない。注文を聞くより先に、「女の子を見せてあげる」といって出て行くと、すぐにまた戻ってくる。ドアは開け放たれたままで、外を見るように指示された。

すると、タイミングを計ったかのようにドアの外に女の子が現れた。我々に顔を向けて目を合わせたかと思うと、サッと消えてしまう。その間三秒くらい。続いてもう一人、

西廓を通り過ぎて掘割に架かる小橋を渡ると、
スナックが多い石坂の町に出る

同じことがくりかえされるとママさんは、

「どっちの子も可愛いでしょ。好みのタイプはどっち？」

と選択を迫ってくる。

ムック本の体験レポートにも同じようなことが書いてあったことからみて、この〝面通し〟のような儀式が決まりになっているらしい。料金は三十分二万円で、ほかにラブホテル代が四千円ほどかかる。いい値段だが、どちらの子もたしかに若く、器量もまずまずだったような気がする。一人目の子はどちらかといえば小柄で丸顔。短い髪を茶髪にした今風の雰囲気で、表情が明るく性格が良さそうな感じ。先ほど外でストーブにあたっていた一人だ。二人目はスラリとした長身の美女で、ミニスカートからのぞいた脚とブーツが印象的だった。

譲り合った末、こちらが先に選ぶことになった。一人目の子に決めると、その場でママさんが二万円を受け取り、まもなく呼ばれてきた女の子とホテルへ向かうことになった。平口さんの方は否応なしに二人目の女の子ということになり、ママさんにビールを注文していた。

店を出るとすぐに女の子は腕をからめてくる。ダウンジャケットを着込んでいるこちらに対し、彼女はタートルネックのセーターにデニムのGジャンという軽装である。

「たまき」という名前で年は二十一歳。風俗店専門の就職雑誌を見て、一週間前に大阪から来たばかりだという。梅田のヘルスで働いていたというから素人ではないが、すれたところはなく話しやすい。

金沢ではほかの風俗産業が発達していない分、料金はべらぼうに高くても石坂に客が集まることになる。そのため、よその地方から流れてきた風俗経験者の女性が石坂についていて、貯金を残すことがよくあるらしい。平口さんの相方になった女の子などは、東京から来て丸三年もあの店にいるのだそうだ。それもこれも、順応性がある若い女性ならではのことなのだろう。（二〇〇〇年二月）

駅から片町交差点までは3キロ、徒歩30分。石坂まではさらに10分。
スナックの料金は本文のとおり。片町・新天地のスナックは料金総額1万円。

［愛知県名古屋市］

名古屋・太閤通口

名古屋駅の太閤通口（または新幹線口・西口）を出た一帯は、昭和二十年代から三十年代にかけて街娼が多く集まり、「駅裏のカスバ」と呼ばれていたことがあった。新幹線の開業で駅とその周辺は大きく姿を変えたが、かつては駅前から椿神社の手前まで、半径五百メートルほどが「カスバ」にあたる区域だった。週刊誌などにもさかんに取り上げられ、昭和三十五年三月十四日号の『週刊大衆』には、〈交番の目前、約五十メートルの駅ウラでさえ、朝っぱらから五、六人の街娼が堂々と営業しているのだからまさに奇々怪々。売春料平均二百円。中には百円、五十円でもOKという街娼が、約三百人（中村署推定）もいるということだ〉とある。同じく昭和三十八年四月二十七日号には、愚連隊防止条令に追われて東京から街娼とヒモが大挙「駅裏」に移動してきた、といった内容の記事も見られる。

「駅裏のカスバ」は今

東京から乗った新幹線が名古屋駅にさしかかると、左手にビジネスホテルと予備校ばかりが目立つ太閤通口駅前の風景が見えてくる。名古屋の表玄関は反対側の方の出口なのだが、裏口にあたるこちら側の風景も、新幹線を利用することの多い人にとってはなじみ深いものと思われる。

東海道新幹線が開通し、太閤通口側を通過するようになったのは昭和三十九年。それまで、駅前一帯は通称「駅裏」と呼ばれ、東京の山谷や大阪の釜ヶ崎と同じような、いわゆるドヤ街だった。

足の便が良く、客との取り引き場所ともなる木賃宿に事欠かない駅裏には、戦後まもないころから街娼が多かったといい、売春防止法が施行されて赤線がなくなってからは、さらに勢いを増したらしい。ポン引きや直引き《じか》（女性がじかに客を引くこと）が昼間から客に声をかける状態が長く続いたといわれている。「駅裏のカスバ」と呼ばれたのはそのころのことだった。

四十年後の今、元カスバだったであろう一帯は道路も整備され、路地や暗がりになりそうな場所、木賃宿のようなものは見当たらない。新幹線の車窓から見たとおり、ビジネスホテルと予備校が目立って多く、飲食店や商店の少ない、すっきりと整理されたような町並みになっている。しかし完全に健全一辺倒かといえばそのようなことはなく、色町の名残がそこここに染み付いていることに気づく。具体的にはまず、意外と思えるほど風俗店が多いこと。車窓からではよくわからないが、ソープランドやファッション・ヘルスなどが合わせて六、七軒は営業している。ソープランドの中には店名に「特浴」（特殊浴場）という文字が見えるものもある。そして同じように年代を感じさせるラブホテルと、わずかながらではあるが街娼、つまり「立ちんぼ」の姿を認めることができるのである。

太閤通口駅前のビジネスホテルに滞在していたこちらは、ある晩、深夜近くになってから駅裏をくまなく徘徊してみた。人通りは少なく、わずかにビジネスホテルに出入りするサラリーマンや作業服姿の男たちが歩いている程度。

街娼らしき女性が立っていたのは、駅から少し離れた椿神社に近いあたりだった。それも二人が組になって立っている。昼間ざっと見たときには暗がりや路地などないように見えた通りにも、街娼が潜むのに適した空間がけっこうある。二人は場所を移動しながら客となる酔っ払いなどを物色しているようだった。年齢は四十代だろうか。一人はフリルの付いた白いワンピースで若づくりをしている。もう一人は黒っぽい地味なスーツ姿だった。

さらに徘徊していると、こんどはポン引きの婆さんと鉢合わせしてしまった。こちらは年のころ六十歳くらい。

「兄ちゃん、遊びか。若い子おるで。一万五千円でどうや。話だけでも聞いてちょーよ」

目つきの険しさが気になったが、一応話を聞いてみることにした。

JR 名古屋駅を太閤通口から出てまもなくの一画。
ビジネスホテルのほか風俗店も多く、
右側に「特浴」、左側には「ヘルス」の看板が見えるすると婆さんは話をするより先に早足で歩きはじめると、付いてくるようにといって、そのまま近くのラブホテルに入ってしまったのである。こちらに料金を払わせると、エレベーターに乗り込み、部屋の中まで入ってくる。そして、まるで膝詰め談判でもするように、にじり寄ってくる。あれよあれよという間の出来事だった。

「兄ちゃん、心配すんな。おばちゃんが相手するわけやないで。それでは話をするからな……」

それによれば相手をしてくれる女性は二人いて、どちらも「三十くらい」。「太いのと細いの」がいるとのこと。そして今すぐ料金を払えと迫ってくる。女性二人というのは、先ほど見た二人組の街娼のことかもしれない。しかしここで金を渡してしまうのはいかにもまずいような気がする。持ち逃げされないまでも、当の女性にわずかしか金が渡らないかもしれない。そこで、料金は来た女性に渡すからと突っぱねてみると、こんどは一万円だけでもいいから払えという。押し問答をしているうちに、ついに婆さんは怒りだしてしまった。

「とれーことぬかすな！　おれは二十年ここで商売しとるが、おみゃーみたいなのは初めてだ！」

と、名古屋弁丸出しの捨てぜりふを残して出ていってしまったのである。あるいは長年の習慣であって、婆さんの言い分が正しかったのかもしれない。しかしそれにしても短気な話である。

婆さんの剣幕からして地回りの者でも現れるのではと、心配になったこちらは、フロントに探りの電話を入れてみることにした。案の定、フロントの女性は事態をすべて掌握していたのだが、ここで意外なことをいってくる。

「あの、うちで呼びましょうか、マッサージの人を……」

婆さんとは無関係なことをたしかめてから、いわれたとおりに「マッサージの人」を呼んでみることにした。

十分経つか経たないうちに現れたのは四十歳くらいの女性である。小脇に抱えているのは白衣で、ホテルに入るまでは着てくる決まりになっているのだそうだ。つまり、予想したとおり、マッサージはどちらかといえば添え物で、色気の方を売りにする女性だったのである。（一九九七年六月）

ビジネスホテルやラブホテルがあるのは、太閤通口を出てまもなくのところ。街娼の料金は本文のとおり。ホテルに呼ぶマッサージの女性の料金は1時間2万円。

［愛知県名古屋市］

名古屋・中村

「中村遊廓」と呼ばれた新しい遊廓が名古屋市の西郊にひらかれたのは、大正十二年のこと。およそ三百メートル四方ある敷地は、北から日吉町、寿町、大門町、羽衣町、賑町の五町に区分され、外郭の道路をふくめ計画に基づいて一からデザインされていた。昭和初年には妓楼百三十九軒に千六百人以上の娼妓がいたとされている。戦後はいわゆる赤線に移行。空襲に遭うことがなかったので遊廓時代の妓楼がそのまま使われていた。

昭和三十三年、売春防止法の施行にともない、トルコ風呂に転業する店が現れたが、そのころはまだトルコ風呂と旅館を兼ねたような業態の店も多かったらしい。現在のソープランドとはちがって、サービスの内容があいまいだった時代の話である。廓内には今もソープランドが十軒ほどあり、半数以上は遊廓時代の建物を改装して営業している。

遊廓跡のソープランド街

名古屋駅を太閤通口から出て「駅裏」を突っ切ると、鎮守の森の樹木が茂る椿神社に行き当たる。鳥居のあるところが交差点になっていて、ここから西に向かって「駅西銀座」というアーケードの商店街が延びている。安値を売りにした食堂や惣菜屋、作業服の専門店、年配客向けの衣料品店など、大衆的で古めかしい店ばかりが並ぶあたり、同じ名古屋でも、駅の東側に広がる繁華街とはずいぶん雰囲気がちがう。

「金時湯」という銭湯を通り過ぎると、どことなく艶めいた木造の建物が増えてくる。二階の窓に赤く塗られた手すりが見えたり、玄関の引き戸が重厚だったり、玄関の脇に手入れの行き届いた格子があったり、そんなつくりの建物が目立ってくる。それでもしばらくは、しもた屋なのか妓楼の跡なのか、区別のつかないような家が多いのだが、さらに行くと唐破風屋根の立派な玄関のあるあきらかに元は妓楼だった大きな旅館が現れて、旧中村遊廓の廓内に入ったことに気づく。駅西銀座からまっすぐ歩いて行けば、迷うことなく遊廓の目抜きだった大門通りに出ることができる。

　ところがこの大門通りで否応なしに目に入ってくるのが、駐車場をふくめ広大な敷地を持つ「ユニー」というスーパーマーケットである。印象としては、大門通りの右側をすべて占めているのではないかと思われるほどで、奥行きもずいぶんある。もしもこのスーパーがつくられていなかったら、右側一帯はどんな家並みだったのだろうと、ここへ来るたびに思わずにはいられない。中村遊廓で第一の格式と謳われ、五百坪の敷地を占めていたという大店《おおみせ》「四海波《しかいなみ》」については、解体される前後の資料がなかなか見つからず、忽然と消えたという印象なのだが、あるいは四海波は、このスーパーマーケットの敷地の中に飲み込まれてしまったのかもしれない。

ユニーの向かい側には、通りをはさんでソープランドが五軒並んでいる。いずれも表構えだけは洋風に改装されているが、裏へ回って見ると、木造二階建ての大きな妓楼だったことがわかる。その中には以前、四海波の支店だったものがふくまれているということだった。旧中村遊廓の廓内には現在も十軒ほどのソープランドがあり、ボーイが表に立つこともなく、ひっそりと控えめに営業している。

売春防止法が施行されてから、どの遊廓でもそうだったように、経営者たちには転業という生きるための問題が生じることになった。ここ中村はいずれも建物が大きく立派だったので、旅館への転業が最も容易だった。昭和四十年ごろには廓内に三十軒以上の旅館があったとされている。ソープランド（当時は「トルコ風呂」）もすでに十九軒あったといい、「福岡」「ブラジル」「金波」「新金波」「名月」「入舟」「令女」「ニュー令女」「桃園」「パラダイス」といった当時からある店の中には、現在もそのままの店名で営業しているものがある。十九軒という軒数はそのころのソープ街としてはかなりの規模といえるのだが、その後さらに増えた形跡はみられない。

全国の主なソープ街を見てみると、昭和五十年前後におとずれた出店ブーム、新築ブームのころ、爆発的に規模を大きくしたところが多い。昭和四十一年ごろ、ソープランドの禁止除外区域（営業許可区域）に指定された地区も、しばらくすると新規出店に関しては規制されることになったため、その前に既得権を得ようと出店する業者が集中した結果、昭和五十年前後の一時期に店が一気に増えていったと考えられる。また同じころ、個室の中でのプレイ内容にも大きな変化が起こり、既存の店も浴室などの設備を充実させざるをえなくなった。そうして、内外装に趣向を凝らした新しい建物が次々に建てられ、今あるようなソープ街独特の町並みができあがっていったらしい。

では、中村遊廓の跡地が、たとえば東京の「吉原」や神戸の「福原」のような本格的なソープ街にならなかったのはなぜなのだろうか。『トルコロジー』(広岡敬一著/晩聲社・昭和五十三年発行)によれば、ここでは遊廓時代からつながりのある業者間の結束が固く、トルコ風呂の時代に入ってからも目立たずに生き残っていくことを旨として、自主規制を強め続けてきたのだという。そしてもうひとつ考えられるとすれば、隣県の岐阜に「金津園」という新世代の大ソープ街ができたため、古めかしい印象を持たれていた中村には、思うように客が集まらなかったのではないかということである。

夜の大門通りは静まりかえっている。それもそのはずで、ユニーが閉店してしまえば、ここは一般の人にはあまり用のない町である。

その晩、こちらが出向いたのは、あらかじめ下見しておいた一軒のソープランドだった。妓楼を改装した店の中でも、その店が一番間口が広く、格式が高そうに見えた。入

妓楼を改装したソープランドが並ぶ大門町。
道をはさんだ向かい側はスーパーマーケット

大門町の東側の通り。
解体されている建物は「銀波」という屋号だった元妓楼

浴料は五十分で七千円、七十分で一万円と表に表示されている。グランドキャバレーのような豪華な雰囲気の玄関から入っていくと受付があり、ここで入浴料を払うと待合室に通された。

まもなく出番が来たのだが、個室は想像していた二階ではなく一階に設けられていた。従業員に案内されて赤いカーペットの敷かれた廊下を正面に進み、いったん右に折れてからこんどは左に曲がると、奥に向かって長い廊下が延びている。個室はその左右につくられており、全部で十五部屋あるということだった。玄関まわりだけでなく、建物の内部もすっかり改装されていて、残念ながら目に見える範囲では妓楼のころの面影は残っていない。

付いたのは二十代前半に見える若い女の子だった。小柄ながらかなりのグラマーで、白人とのハーフのような、はっきりとした顔立ちをしている。

彼女はとくにあいさつをするでもなく、据わったような目でしばらくこちらを見ている。そしてようやく口を開いたかと思うと、

「お客さん、変わってますね。仕事は何をしているんですか」

という。

もっとも、こういった場所で「変わっている」といわれるのは好意の裏返しだと、こちらは勝手に解釈している。多少変人の気のある女の子だったが、変人どうし（？）ま

ずまず話も合い、七十分の時間を無難に過ごすことができた。

気安くなるにつれて、彼女の口からは方言が次々に飛び出してきた。聞いているうちに長崎弁だとわかったので、「長崎出身か」と不躾に聞くと、やはりそうだという。そしてさかんに不思議がり、「なんでわかるんですか。お客さん、もしかして超能力者ですか」と目を丸くしている。なぜ長崎弁とわかったかといえば、彼女の話し方が長崎県出身の漫画家・蛭子《えびす》能収《よしかず》さんにそっくりだったからである。(一九九八年三月)

旧中村遊廓の大門通りまでは、JR名古屋駅から徒歩20分。

ソープランドの料金は、総額50分1万7千円、70分2万4千円。

近畿

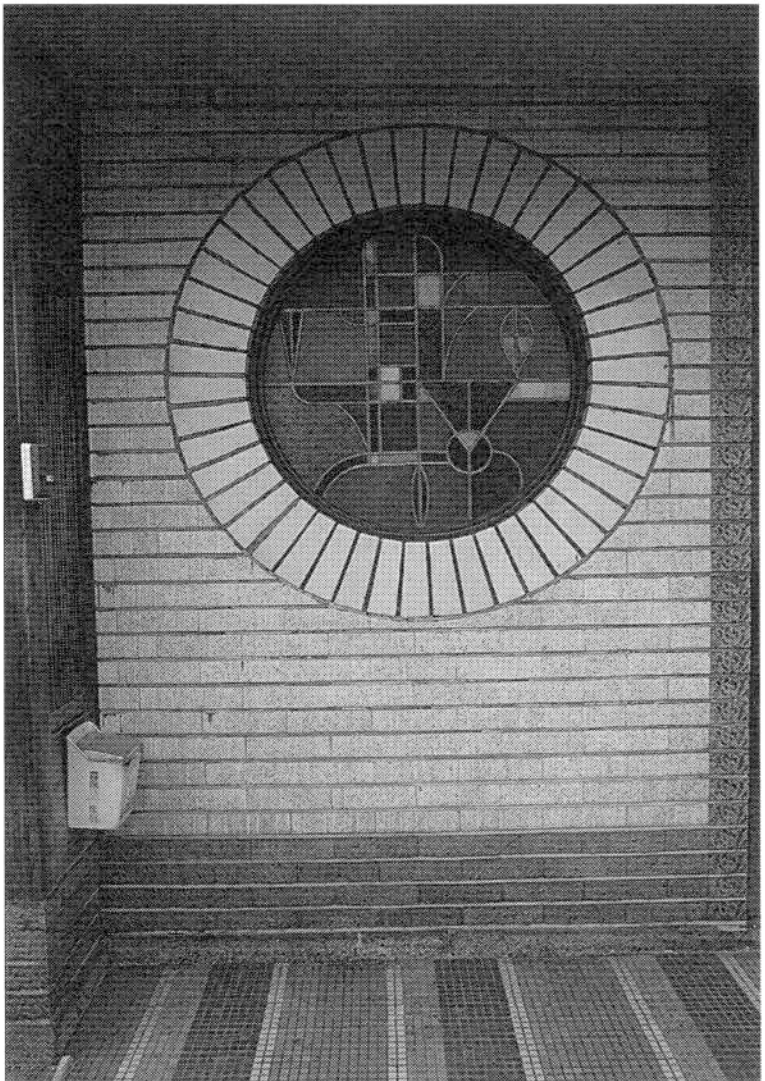

ステンドグラスとタイルで彩られた建物
（京都・五条楽園）

［三重県志摩市］

渡鹿野島

渡鹿野島《わたかのじま》は志摩半島の東端、的矢湾《まとや》の中に浮かぶ直径一キロほどの小島である。地図でたしかめてみると、的矢湾はアルファベットのCの字のように両端が張り出した形をしている。外海は荒れていても湾の中はいつもおだやかだから、帆船の時代、渡鹿野島は風待ちの港として栄え、「はしりがね」と呼ばれる船遊女の習慣が古くからあった。

『志摩のはしりかね』（岩田準一著／私家版）によれば、「はしりがね」の語源にはいくつかの説があるが、その中でも「針師兼《はりしかね》」が転訛したとする説が有力なのだとか。つまり、碇泊している船に乗り込んで一夜妻を務める遊女が、針仕事など身の回りの世話もしたという意味である。

船遊女《はしりがね》は明治三十三年に禁止されて、渡鹿野島の遊女は陸《おか》の妓楼に移ることになった。

パラダイス島奇談

『志摩のはしりかね』が出版されたのは昭和十五年。著者の岩田準一氏は在野の民俗学者で、編集者としても活躍していた。「はしりがね」の語源については出版当時、柳田国男、中山太郎といった民俗学の重鎮からも自説を述べた書簡が届いたということである。柳田国男は「走り蟹《がに》」転訛説で、遊女がカニのようにすばしっこいからというもの。中山太郎は「走り金《がね》」転訛説。走るとは動く、働くの意で、遊女が働く報酬だからと推察したらしいが、「針師兼」説にくらべると、どちらもややロマンに欠けるといわざるをえない。

それはともかく、この本に関して以前から気になっていたことがある。それは年譜の中に、著者の岩田氏が作家の江戸川乱歩と親交を結んでいたという記述があることで、そこから連想したのは、乱歩の名作『パノラマ島奇談』が渡鹿野島をモデルとして書かれたのではないかということだった。あくまでこちらの想像にすぎないが、乱歩は岩田氏との会話などから着想のヒントを得たのではないかと考えたのである。乱歩が描いた「パノラマ島」は人工的につくられたユートピアであるとともに、多少俗悪な要素も合わせ持つ。もっとも、船遊女までは登場してこないのだが……。

江戸川乱歩は三重県生まれ。一時期鳥羽の造船所に勤務していたというから、志摩半島の地理や風俗に慣れ親しんでいただろうし、渡鹿野島をおとずれたことがあったかもしれない。パノラマ島は「M県S郡」の南端にある小島と設定されているが、これはおそらく三重県志摩郡のことだろう。岩田氏との付き合いは別としても、乱歩は若いころの記憶を基に、渡鹿野島あたりをイメージして『パノラマ島奇談』を執筆したにちがいない。

渡鹿野島をおとずれた日はあいにくの梅雨空で風が強かったにもかかわらず、島に通じる唯一の交通手段であるポンポン船はほとんど揺れることなく、利休鼠色のくすんだ海面にはさざなみが立つ程度。乗り合わせているのは、こちらと同じ観光目的の男たちや小中学校から船で下校する島の子供たち、食材を仕入れてきた旅館関係者などである。松林の中にある対岸の船着場からわずか五分ほどで島の港に入ると、船長は慣れた舵さばきで桟橋に船を接岸させた。「だんなさーん、だんなさーん」と、旅舘の半纏を引っかけた客引きが声をかけてきたが、こちらはあらかじめホテルを予約してある。

ホテルは港の傍らにあり、すぐに見つけることができた。玄関の前の道が島内では一応メインストリートと呼べる通りなのだろうが、喫茶店やスナックが四、五軒集まっているほか、たばこ屋が一軒ある程度。それ以外は軽自動車も入れないような狭い道ばかりなので、島の中ではクルマはほとんど役に立たない。「この島は道でタバコを吸わぬ決め」という標語があちこちにあるのは、島に消防設備がなく火事を恐れているからだろう。家の門々には「笑門」という文字の入った、藁で作られた縁起物らしきものが飾られている。「笑う門には福来る」といった意味だろうか。人口は島全体で五百人ほど。交番が置かれていないのは、人口が県の基準を満たしていないためということである。

ホテルに入って部屋に通され、初めて来たというと、担当の仲居がさっそく遊び方の

対岸の船着場から見た渡鹿野島の全景。乗船時間は５分足らずである

「きぬぎぬの別れ」。泊まり客を取った女性は翌朝、
客が宿泊しているホテルに出向いて朝食の給仕などをしたあと、
船着場で見送ることになる。その習慣が今も続いている

指南をはじめた。毎日同じことを言い慣れているとみえて、立て板に水のような口調でスラスラとこんなことを話してくれた。

それによれば、女性と遊ぶにはいろいろな方法があるが、夕食のときにコンパニオンとして呼んでみて、気に入ったら話をつけておいていったん帰し、夜十一時の「引け」の時間にあらためて来てもらうのが第一の方法。といっても部屋に泊めるわけにはいかないから、二人であらためて〝ビジネスホテル〟に行く必要がある。第二の方法はホテルと提携しているスナックに入り、お酌をしてくれる女性に話をつけて、同じように引けの時間からビジネスホテルに行くというもの。いずれも朝までの「泊まり」ということになるが、それ以外にも「ショート（三十分）」や「ロング（一時間弱）」でほかの女性と遊ぶことができる。つまり女性側からみれば、たとえ泊まりの客が決まっていても、引けの時間まではほかの客を相手に自由に稼げるわけである。また、外出するときには、このホテルの浴衣さえ着ていればそれが身分証代わりになるので、客は現金を持ち歩く必要がない。スナックでもビジネスホテルでもすべてサインひとつですむ。そして意外なことに、女性は全員日本人だという。事前に読んだ週刊誌には、「じゃぱゆきさん」のことがさかんに取り上げられていたのだが――。

とりあえずコンパニオンの方は断わり、夕食をすませてからホテルの真向かいにあるスナックをのぞいてみることにした。

ところがドアを開けてみると団体客が占領していて騒々しく、とても入る気にはなれない。あきらめて戻りかけると、いつの間にかそばにいた老婆が、道の真ん中で声をかけてきた。こちらが着ている浴衣の柄を確認すると、短くなったたばこを片手に、こんなことをいってくる。

「日本人にも若い子はおるけど、ろくなサービスもせんでゴロンと横になっておるだけやで。それではあんたもつまらんやろ。旅館が紹介するスナックゆうても人数にかぎりがあるよって、〝人類皆兄弟〟になるのがオチや。『ああ、お前もあれだったか。おれも同じ女だったわ』とかいうてな。それにくらべたら外人の子はええで。なんちゅうても若いし、気立てもええし、ウチとこにおる娘なんか、毎日あたしらの分まで夕ご飯を作ってくれるんや。ちょっと辛いけどな……」

婆さんはひと息にそういうと、「アチチ」といって、指にはさんでいたたばこを放り投げた。

見るだけでいいからといわれてその婆さんに連れて行かれたのは、メインストリートから住宅街の方にいったん折れて、狭い道を何度か曲がったところにある一軒家だった。建物の一部がスナックになっており、店の中に通されると、まもなく二人の女性が奥の階段から下りてきた。すると婆さんはタイミング良く、「お願いや、験《げん》付けたって。この子たち、今日はまだ初めてやから」と、こちらを見上げて哀願するようにいうのだった。
「験を付ける」というのは、「験付《づ》け」ともいって「口開け」と同じような意味で、その日最初の客が付くということである。「縁起」の逆さ言葉の「ギエン」が「ゲン」になり、それに「験」の字を当てはめたもので、各地の遊廓で一般に使われていた。婆さんはその言葉を日常語としてまだ使っていたわけだ。その日最初の客が付けば、そのままスムーズにひと晩に何人も客が付くかもしれない。ところが一人目の客がなかなか付かないと、器量は優れていてもツキがなく、そのまま最後まで客が付かずに「お茶挽き」ということだってありうる。その日最初の客というのは、毎日の客商売の中で、特別な意味合いを持っていたのである。

女性は一人が彫りの深いラテン系、もう一人は丸顔で庶民的なタイプだが、どちらの子もフィリピン人だという。二人とも身体の線がよくわかるボディコンスタイルの服を身に着けている。階段を下りてきたときに目の合ったラテン系の子に決めると、二階にある六畳の和室に案内された。

彼女の名前は「ミカ」。百円玉を入れると一時間だけ動くタイマー式のクーラーをつけてくれると、まず両親と娘の写真を見せてくれた。旦那は酔うとナイフを振り回すような乱暴な男で、ようやく別れることができたと身ぶり手ぶりをまじえながら話す。最初見たときには二十歳くらいにしか見えなかったが、二十六歳になるということだった。

この部屋で寝泊りもしているといい、ポスターや小物などでカラフルに飾られている。敷かれている布団も見たところ清潔そうだ。

ショートの三十分はあっという間に過ぎて、念のため持ってきた財布から料金を払った。サインひとつ、といっても、それは泊まったホテルと提携している場所にかぎられているのである。別れぎわ、婆さんとミカに千円ずつチップを渡すと、「あんたは本当に親切や」といって送り出してくれた。

ぶらぶら歩きだすとこんどは別の婆さんが声をかけてきた。強引さに負けてしまい、また何度か道を曲がった先の一軒家へ。

庭を通り抜け、広い玄関のたたきのところで引き合わせられたのは、タイ人だという三人の娘たちだった。それもどこかの農村部からやってきて間もないような、あどけなくおとなしそうな女の子ばかりである。とても上がる気にはなれず逃げ出すと、婆さんは必死の形相で追いすがってくる。

「後生やから、もう一軒見てってちょうだい！」

こんどはトタン屋根の古いアパートに連れて行かれた。二階の廊下で婆さんが呼ぶと、部屋から一人ずつ女の子が出てきた。三人ともタイ人だというが、先ほどの娘たちよりは年上に見える。手前に並んだ二人は実の姉妹だという。妹の「ケイコ」の部屋に入ると、たんすの上に簡単な仏壇風のものがこしらえられていた。中央に家族の写真とタイ

メインストリートから一歩横道に入ると、このような路地ばかりになる

の国王のポートレートが飾られ、果物のほか吸いさしのたばこが供えられていたので意味を聞くと、国王はたばこが好きだからと答える。黄ばんだ畳の上に布団がひと組敷いてあり、ピンク色と水色の枕が並んでいた。

三十分後、ホテルに戻ろうとすると、ちょうど引けの時間とぶつかったらしく、女性の肩を抱いて歩く浴衣姿の男と何人もすれちがう。メインストリートはさまざまな柄の浴衣を着た手ぶらの酔漢たちが行き交い、殷賑《いんしん》をきわめている。そして最初の婆さんとまた会ってしまった。

「お願いや、ミカに泊まりの客がまだ付いてないいんや……」

島の夜はまだまだ続きそうな気配である。（一九九二年六月）

渡鹿野島には旅館、ホテル合わせて14軒あり、女性は島全体で200人ほどいる。料金はショート1万5千円、ロング2万円、泊まり4万円。外国人はショート1万2千円。最寄り駅は近鉄志摩線鵜方駅。

［大阪市西成区］

飛田新地

大阪では広く知られ、今も賑わいを見せている性風俗が、一般に「新地」と呼ばれている男性向けの遊び場である。そこではかつて遊廓や赤線だった場所が料亭などにかたちを変えて生き残り、色町としても当時のままに機能している。新地は市内に五カ所あり、そのうち「飛田新地」と「松島新地」はその昔、大阪を代表する遊廓だったところで、新地としても規模が大きく、顔見せもある。桃色の六角灯籠が目印の「今里新地」は、かつて芸妓と娼妓が混在していたところ。客はまず茶屋に上がり、置屋から女性を呼んでもらう。そのほか「滝井新地」と「信太山新開地」もそれぞれまだ健在と聞く。

今日の新地の隆盛は、飛田新地が売春防止法の施行と入れ替わりに導入した「アルバイト料亭」からはじまり、ほかの地域も追随していったものと考えられる。

「アルバイト料亭」事始め

かれこれ二十年ほど前、初めて大阪に行ったときのことである。仕事仲間の先輩たちと四人で新世界かいわいをぶらつき、「ジャンジャン横丁」の串カツ屋で夕方からコップ酒を飲みはじめた。勢いがついたところで、「飛田新地」に行ってみようということになった。ジャンジャン横丁から飛田新地まではアーケードづたいに行くことができる。時間にして十分かかるかどうかの距離である。

大門《おおもん》のある通りから入り、大阪出身の先輩を先頭に、廓内をぞろぞろと一周した。道すがら遊び方なども細かく教えていただいた。四人だから別々の店に入った方がいいだろうと、待ち合わせ場所を決めたうえで、いったん分かれることになった。

酔い醒ましも兼ねて歩き回った末、裏通りの古びた店に入ることにした。遣《や》り手婆さんの傍らで座布団に座って顔見せをしていたのは、丸顔で目のぱっちりとした、まだ若い女の子である。その女の子に案内されて屛風の裏にある階段を上がった。

二階は思ったよりも奥行きがあり、広い廊下の両側に部屋の引き戸が並んでいる。引き戸の上にはそれぞれ凝ったつくりの飾り屋根が設けられていた。通された部屋は六畳ほどの広さで、入り口の屋根のわりには変哲もない、黄土色の砂壁に囲まれた和室である。ガラスの座卓と座布団があるほか、ぬいぐるみや造花、郷土玩具などが並べられた墨塗りの棚が目に止まった。

まもなく先ほどの婆さんも部屋に入ってきて、なごやかな雰囲気の中、料金や時間の説明をしてくれた。四十分、五十分、六十分と三通りのコースのうち、四十分のコースにした。料金は一万五千円だった。

大門から入って少し進み、右に折れたあたりの裏通り

「東京から来てくれはったんか。それはえらいおおきに。もしも気に入ってくれて、あと引くようやったら、そのときはまた遠慮のうおっしゃってください。料金の方も延長の場合はサービスしまっさかい」

婆さんはそんなことをひととおりいうと、金を受け取って出て行った。

女の子は「モモコ」という名前で、年は二十歳。店に出はじめてからまだ三カ月ということだった。その前はガソリンスタンドでアルバイトをしていたという。声がしゃがれているのはそのときに大きな声を出しすぎたからだといって、しきりに気にしている。初めに見たとおり、目鼻立ちのはっきりした美人で、なかなかのグラマーでもあった。先輩の話では座布団を使うということだったが、そのとき使ったのは、部屋の隅に丸めてあったベビー布団だった。

時間が余ったので少し話をしてみた。仕事の話の中で面白かったのは「顔見せ」に関する件で、女の子が一人ずつ顔見せに出る持ち時間が、一回につき七分だけだということを教えてくれた。出勤している女の子たちに平等なチャンスを与えるためで、そのためのタイマーもある。つまり、ある女の子が顔見せに出たとして、七分の持ち時間の間に客が付かないと、即座に次の女の子と交代させられてしまう。仮に三人出勤していたとすると、次の十四分間は待機時間ということになるわけである。もちろん途中で誰かに客が付けばそのかぎりではないのだが、それにしても、いったん引っ込んで待機時間に入ってしまうと次に順番が回ってくるまで間が空くので、もしも外から見て気に入った女の子がいたら、その場で決めてしまう必要があるということだった。

時間になると婆さんが呼びに来たが、その前に名刺を渡して、こんなことをいっておいた。

「ぼくはまだ独身だから、いつでも東京に遊びにおいでよ。電車賃だけ持ってくればあとは大丈夫だから……」


大阪から帰ってひと月ほど経った六月のある日のことである。モモコから電話がかかってきた。友達と二人で新大阪から新幹線に乗って、たった今東京駅に着いたところだという。突然の話だったがすぐに迎えに行くことにした。喫茶店で話を聞いてみると、その日の朝、急に二人で思いついて出てきたらしい。「計画性がないもんで」と、モモコはすまなそうに何度もくりかえしている。ディズニーランドに行きたいというので地下鉄に乗って浦安まで行き、半日三人で遊ぶことになった。

連れの女の子は共同でアパートを借りている同居人ということだったが、こちらはまだ十七歳の少女である。ところが、妊娠七カ月の身重で、何かわけがあるらしく一人で生んで育てるつもりだという。もうずいぶんお腹も目立っているのに、全く気にする様子もなくはしゃいでいる。三人でいくつかのアトラクションを足早に見て回った。「ホーンテッドマンション」という大がかりなものだけではなく、「カントリーベア・シアター」という人形劇のようなものにも二人はいちいち喜んで、食い入るようにして見ている。

歩きくたびれたところで、屋外にあるバリ島風のレストランに入った。カレーライスを食べながら果物をつまみ、最後にコーヒーをオーダーして一服しているうちに、六月の長い一日もいよいよ暮れかかってくる。二人は小声で何か相談していたが、結局その日のうちに帰ると決めたようだった。

「あそこが切れてしもて、ここんとこ四、五日休んでたんやけど、店の女の子もみんな頑張ってはるし、あたしだけが何日も休むわけにはいかへんから……」

と、モモコはあけすけに事情を話してくれた。

売店でみやげ物を買い込み、東京駅までの直通バスに乗って、二人は大阪に帰っていった。

その後しばらくしてモモコから電話があり、お礼の手紙も来たのだが、やがて連絡が取れなくなった。半年ほど経ってから飛田新地の店に行ってみると、看板の屋号が別のものに変更されて中の様子も変わっている。彼女についての手がかりは何ひとつなくなってしまったのである。

売春防止法が施行されたのちの飛田新地については、『全調査京阪神周辺 酒・女・女の店』（有紀書房・昭和四十一年発行）に詳しい記述がある。少々長くなるが、引用してみたい

〈赤線の時代、飛田には二つの組合があり、ひとつは戦後に開業した新興店ばかりの組合、もうひとつは戦前からあった旧組合だった。売防法の施行にさいして、旧組合は廃業を決めて主に旅館への転業で再起をはかることにした。それに対して、新興店の組合は商売を続けることを決意して、協議した結果、いったん廃業届けを出したうえで、料理屋（筆者注・料亭と同義）の許可をとることになった。検番を設けて、それまでの接客婦たちを芸妓に仕立て上げることにしたのだ。そのための宿舎までつくり、芸事を習わせた。つまり、赤線から三業地への転業をはかったというわけである〉

そして昭和三十三年の四月一日から一斉に料理屋に転業。ところが、置屋から呼んだりするわずらわしさが不評で、客足はいまひとつだったという。そこで再び協議して、考え出したのが「アルバイト料亭」なるものだった。当時流行していた「アルバイトサロン（アルサロ）」の料亭版という意味で、女性たちを〝ホステス〟ならぬ〝仲居〟の名目で店の玄関に一人ずつ待機させて、客がひやかしながらじかに見て選ぶ方法を採ったところ、これが当たったという。

アルバイト料亭のもうひとつの特徴は、料金を明朗なセット制にしたことだった。十

一直線に延びる北側の通り。若い女の子が多いことから、
近年「青春通り」という呼び名が付いた

ニュー世界
トルコ温泉
山王三丁目
3

五分から二十分がワンセットで、ビール一本と簡単なつまみが付く。ツーセットならば客はだいたい目的を果たすことができたというから、そういう意味でも現在の新地の原型といえるわけである。それが客と女性との私的な交渉の結果という建前だったのはいうまでもないが、堂々と布団を敷くわけにはいかず座布団を使ったので、「座布団遊び」もしくは「座布団売春」と呼ばれることもあったらしい。かつては、呼び出しのブザーを付けたり鍵を付けたりすることも自粛していたといい、押入れがあるのも布団を連想させて良くないというので、わざわざつぶしたということだ。（一九八六年五月）

飛田新地までは地下鉄御堂筋線動物園前駅、または天王寺駅で下車。徒歩10分。現在の料金は20分1万5千円、30分2万円。１５０軒ほどの店がある。

［京都市下京区］

五条楽園

大衆的なお茶屋街として生まれ変わり、現在の「五条楽園」という呼び名になったのは昭和三十三年の売春防止法施行後のことで、それ以前は「七条新地」と呼ばれていた。「七条」から「五条」に変更とは不思議な気もするが、もともとこの付近には五条橋下と七条新地という二つの遊廓があって、大正時代に合併されるさい、便宜上七条新地に統一されたとのこと。つまりこんどは逆のかたちになったわけである。

始まりは江戸末期で、京都市内の他の遊里と同じように芸妓と娼妓が同居していたが、昭和の初めごろ娼妓に一本化された。昭和六年の資料によればそのころ娼妓の数は千三百四十人に達し、京都市内で最大の遊廓になっていた。戦後はいわゆる赤線に移行。昭和三十年発行の『全国女性街ガイド』には以下のような記述がみられる。〈昨年までは写真をショーウィンドのように飾っていたが、現在は〝照らし〟といって、蛍光灯のスポットを当てた陳列棚に女が並んでいて、のれん越しに顔が見える〉。当時も百六十八軒に七百五十人の女性がいたとのことだ。

三味と踊りは習いもするが……

「五条楽園」に名前が変わってからのいきさつについては、前項と同様、昭和四十一年発行の『全調査京阪神周辺　酒・女・女の店』が詳しい。婉曲に書かれてはいるものの、五条楽園もまた、「飛田新地」が売防法以降もにぎわいをみせていることに影響されて、追随していった旧赤線のひとつであることがわかる。

〈(前略)売防法以来、もっぱら旅館に転向したが、女抜きではさっぱり客も集まらず、お茶屋に生まれ変わった。お茶屋八十四軒。芸妓置屋十六軒。旅館十五軒。バー、スタンドなど十九軒。芸妓は百人もいるという。芸妓は名前だけではなく、六ヵ月間はお座敷にも出さず、みっちり芸を仕込んでいる。芸といっても長唄、三味線の類では、いまの若い人たちにアッピールしないとあって、もっぱらギター、アコーディオン、歌謡曲などのレッスンが主。サラリーマンでも芸妓遊びができるよう、大衆的なお茶屋を目指しているそうだ。芸妓たちはほとんどが通い。ここらがミソで、お座敷で話し合って勤めの終わった十一時ごろから二人きりでどこへ行こうと、それは束縛するすべもない。事情通によれば、「お茶屋でだってレンアイできますよ。あそこでは十席が相場(筆者注・花代のこと。一席五百円)、座布団を丸めて枕に、すそをめくるだけというのは飛田

や松島と変わりませんネ」という声もあるが、彼女らも生身の女性だから、馴染みのいい男には浮気もするということだろうか〉

芸妓たちが「ほとんど通い」というのは、置屋に住み込んでいるのではなく、通いで来ているという意味だろう。客はいったんお茶屋に上がり、置屋から芸妓を呼んでもらう。玄関でじかに仲居を選ぶ「アルバイト料亭」式でないのは、大阪の「新地」のように周囲が寛容でなかったためだろうか。

五条楽園で現在営業しているお茶屋は二十軒ほど。芸妓置屋は三、四軒。お茶屋は高瀬川の両側に分散し、いかにも京都らしい町屋風のもの、タイル張りの外壁にステンドグラスの窓のある赤線カフェー調、小料理屋風の小規模なものとさまざまである。廃業した家も多くてまぎらわしいが、柿色ののれんを下げて玄関の引き戸を半分開けているのが、現役で営業している目印だ。

こちらがお茶屋遊びを体験したのは十数年も前の話である。

ひととおりお茶屋を見て歩くうちに、往来で何人もの和服姿の女性とすれちがった覚えがあるから、現在よりはいくらか活気があったのだろう。お茶屋は日中から営業しており、四十軒から五十軒はあったはずである。ところが積極的に呼び込んでこないので、なかなか入るきっかけがつかめない。

河原町通から少し入ったところに立っている対の看板。
橋の下を流れる川は高瀬川

少し頭を冷やそうと、お茶屋街のはずれにあるという任天堂の旧社屋を探してみることにした。かるたやトランプを作っていたころの古い建物が残っているので、せっかくなら見ておけと、東京を出る前にある先輩にいわれていたのである。それは鴨川寄りの奥まったところにあって、たしかに一見の価値があるものだった。正面が事務所、奥が工場になっているスクラッチ・タイルを使ったモダンなビルで、もう使われてはいないようだったが、当時のまま保存されていた。

とはいえ、いつまでも歩いているわけにもいかない。適当なお茶屋に決めて、のれんの隙間から中をのぞいてみると、店の奥にいた六十年配のおばさんがあわてて近寄ってきた。

「ごめんな、今はいろいろとうるさいんや。表では話がでけへんから中入ってや。ささ、ささ」

入ったところは狭いながらもホール風になっていて、椅子とテーブルが置かれていた。床はタイル敷きだっただろうか。四角い水槽の中では、気味が悪いほど成長した金魚が泳いでいた。

料金を尋ねてみると、花代は二十分で四千五百円、四十分なら五千円、一時間五千五百円と細かく説明してくれた。ところが、それ以外にかかる料金については、「それは、わたしらはいえんのや」と言葉をにごしてしまう。少し黙ってみると、ようやく、「なんでも一万円から二万円らしいわ」と独り言でもいうように教えてくれた。

ささあと背中を押されるようにして階段を上がり、とっつきの部屋に通された。広さは八畳ほどあり床の間も付いているのだが、隣室との仕切りは襖だけで、欄間もあるのでなんとなく落ち着かない。ジュースとおしぼりを持ってきたおばさんに四十分の花代を前払いした。

「特別に五分サービスするよって、ごゆっくり。ほな、すぐにきはりますから……」

ちょっともったいぶってそういうと、おばさんは出ていった。

たばこを一服し終えたころだった。階下がざわつきはじめ、おばさんともう一人の女性が何か話している声が聞こえてきた。やがて静かになり、トントンと階段を踏む足音。「おほっ、うふっ」という咳ばらいに続いて、入り口の襖が開かれる。鮮やかなオレンジ色の着物がまず目に飛び込んできた。妓は型どおりに三つ指をつくと、

「リカです、よろしゅうお願いしますう」

と、あいさつした。

「あ、こちらこそ、よろしくお願いします」

思わずこちらも頭を下げると、

「そんなあ、かしこまらんといて。ようおこしやしたなあ」

と、上目づかいにいう。同時になんともいえない濃厚な化粧の匂いが広がった。前髪

を切りそろえた「リカ」さんは若づくりをしていたけれど、四十代も後半にさしかかっていたと思う。

彼女によれば、七、八軒ある置屋の中では、リカさんのいる家が一番多くの芸妓をかかえており、住み込みもふくめて六人いるとのことだった。「三味と、踊りは、習いもするが」と、宮川町が舞台になった古い歌謡曲を口ずさんでから、月に何日か通う決まりになっている稽古事の話をしてくれた。そして衣桁《いこう》の前に立ち、帯を解くと、「ごめんなさい、ここはお布団使えんから」といって、座布団を並べはじめたのである。（一九八八年二月）

五条楽園は河原町通と五条通、鴨川に三方を囲まれた中にある。
ＪＲ京都駅から徒歩20分。京阪五条駅から徒歩7分。
料金は総額で40分2万円、60分2万5千円ほど。

［奈良県大和郡山市］

大和郡山

奈良県には戦前まで三カ所の遊廓があり、大和郡山市はそのうちの二つを市内にかかえていた。「洞泉寺遊廓」は寺町の中に、「東岡遊廓」は金魚池を見下ろす市街の端に位置していて、どちらも木造三階建ての楼閣が軒を並べる古典的なものだった。このうち洞泉寺は戦後廃止されたが、東岡の方は戦後も赤線として二十軒ほどが存続。戦災に遭うことがなかったので古い建物がそのまま使われていた。

売春防止法が施行された後も関西にあるほかの「新地」と同様、旅館やバーなどにかたちを変えて嫖客《ひょうきゃく》を集めていたが、一九八九年の秋ごろ、東岡の転業旅館街は思わぬかたちでマスコミに取り上げられ、奇しくも全国から注目を浴びることになる。

楼閣のフィリピーナ

大和郡山の「東岡」といえば、少し前までは雑誌の風俗記事の常連で、関西の「新地」を特集するような企画には必ず顔を出していたものだった。町並みといい、システムといい、新地というよりはもっとさかのぼった「遊廓」そのままのような世界が、そここには存在していたのである。

昭和四十二年十一月号の『月刊宝石』に「不死身の関西・赤線——アナ場を探る」という特集記事があり、大和郡山については次のように書かれている。

〈郡山警察によると、東岡町は旅館が十五軒、バー、小料理屋などが十四軒。その旅館街にさしかかると、ヤリ手婆さんが手招きする。『ええオナゴはんがいまっせ。やすんでいきまへんか。一本（約四十分）で千六百円や。二本ならもう千円追加してもらわならんけど。泊まり？　五千円やけど、それは十二時すぎなあかんわ』〉

昭和四十二年の千六百円というのは、現在の物価に照らし合わせると一万円余りだろうか。記事によれば、当時はバーの女性と交渉して旅館に行く方法と、あらかじめ旅館の中に女性が控えている「アルバイト料亭」的な方法と、二種類の遊び方があったらしい。バーには平均四、五人の女性がいて、店の中だけでなく、外にまで椅子を持ち出して顔見せをしていたそうである。

また、昭和五十年代のある実話誌の記事では、ショートが八千円、泊りが三万円で、〈以前は熟女ばかりだったが、最近は稼げると聞いて、おや？　と思うようなピチピチギャルも大阪などから参入。翌朝はトーストをご馳走してくれた〉とある。

いずれにせよ、そのころはまだ日本人女性が接客していたようだが、その後、東岡は「じゃぱゆきさん」の多い町に変わっていく。外国人女性が姿を見せはじめたのがいつごろかははっきりしないが、少なくともこちらがおとずれた一九八八年には、もう日本人女性は姿を消して、外国人の、それもフィリピン人女性が中心になっていたようだった。

JR関西本線の郡山駅は、市街地から少しはずれたところにある。タクシーを使うことにして小型車の運転手に行き先を告げると、「ああ、くるわですか」といってすぐに車を出してくれた。

大和郡山の市内に入ると風景は一変し、城下町特有の入り組んだ町並みになる。車は左右からひさしが迫る狭い通りや、ぎくしゃくと鍵の手に曲がった道を器用に走り抜けてから、市役所の前を通り過ぎ、近鉄郡山駅の先の寂しげな商店街の中で停まった。右側に何本か口を開けている路地のうち、どれかしらに入ればすぐに旅館街に行き着くという。

「どの店がいいかは立場上いえないのですが、どこも値段は変わりませんから……」

と、制服に帽子姿の若い運転手は真面目な口調でいった。

幅二メートルほどの路地をはさんで、「旅館」の看板を掲げたその昔の妓楼が十数軒。まだ開店していないが一杯飲み屋のような店も何軒かある。旅館のうち半分くらいは、格子のはまった堂々たる三層楼である。玄関の外には椅子を持ち出した遣《や》り手婆さんがいて、のんびりとした調子で呼び込んでくる。どうせならと、一番大きな三階建ての旅館を選んで入ってみた。

　遣り手婆さんに招かれてのれんをくぐると、コンクリートのたたきだけで八畳分くらいの広さがあった。左右の棚には七福神の置物や動物の剝製などが飾られている。上がり框《がまち》から奥にかけては鮮やかな緋色のじゅうたんが敷き詰められ、正面には透かし彫りの屛風。その先はガラス戸で仕切られた中庭で、池がつくられ、朱塗りの社も見える。

　そんな屋内の様子を一度に網膜に焼き付けていると、人の良さそうな婆さんは、「三十分一万円やけど、四十分におまけしとくよってに、ゆっくりしてってや」といって、いったん奥に引っ込んでいく。まもなく「アキナ〜、アキナ〜」と呼ぶしわがれ声が聞こえてきた。

　婆さんに連れられてきた「明菜」は、フィリピン人に見える小柄な女の子だった。スリッパにはき替え、明菜と二人で幅一間ほどもある階段を上がると、おそろしく広い踊り場に出た。外の光の入らない真っ暗な空間に裸電球がひとつぶら下がっていて、傍らにドアのない部屋がぼんやりと見える。昔の妓楼の見取り図を見ると、「引き付け」といって、客と遣り手婆さんが料金の交渉などをした部屋が必ずあるのだが、どうやらこれがその部屋らしい。革のソファーが置かれただけの狭くて陰気臭い部屋である。三階は使う必要がないとみえて、わざわざ階段を板でふさいであった。個室は引き付け部屋

道幅の狭い通りに遊廓の時代からの木造家屋がひしめく東岡町

の先の廊下をはさんで左右に並び、この階だけでも十二、三室はあるようだった。

明菜が案内してくれたのは四畳半の和室だった。ガラス窓の外に、細かい木の格子が隙間なくはまっている。電気ごたつやベッド、ファンシーケースのほか、ラジカセやトースターなどが雑然と置かれている部屋の様子は、ひと昔前の学生の下宿といった雰囲気である。三段ボックスの中にはフランスパンやバナナなどの食料品も見える。こたつに落ち着くと、明菜は缶入りのファンタグレープをすすめてくれた。

「アナタ、日本人じゃないでしょ。中国人でしょ」

日本人だと答えると、こんどは「アナタ奥さんいますか、学校は行きましたか」といった具合に、質問ぜめにあってしまう。日本に来て四カ月だというが日常会話はすでに身に付けているようだった。境遇は推し量るしかないけれど、性格はなかなか陽気である。明菜は思ったとおりフィリピン人で、マニラのカラオケ・バーで働いていたところをスカウトされたのだそうだ。十一時を過ぎるとこの部屋で泊まりの客も取るというから、その点は雑誌の記事のとおりである。この旅館には六人の女性がいて全員フィリピン人だという。

ひとしきり話すと、明菜はラジカセにカセットテープをセットした。タガログ語のロック調の音楽だった。そして「レッツプレイ」と英語でいうと、着ていた赤いタートルネックのセーターを脱ぎはじめたのである。

そんな東岡の旅館街が摘発されたのは、こちらがおとずれた一年後の秋のこと。十月六日付の『毎日新聞』の夕刊が、一面トップで「売春旅館」を告発するスクープ記事を掲載したのが発端だった。玄関の奥で顔見せをしている四人の外国人女性の写真も、不鮮明ながら大きく掲載された。翌七日早朝、奈良県警は三軒の旅館を売春防止法違反の容疑で捜索。ところが旅館街から女性たちの姿は消えており、〈業者らが前日から未明にかけて、組織的に別の場所に移し替えたとみて追及している〉と記事にはある。

その後も断続的に捜査の経過は報じられ、十日午後にはさらに二十一軒の旅館を一斉に捜索。客引きの女性らに任意同行を求め、事情聴取したとある。「客引きの女性」というのは、遣り手婆さんのことだろう。全部で三十軒近くある店にはそれぞれ三人から八人の外国人女性がいて、その九割がフィリピン人女性だったという。

スクープのきっかけは『毎日新聞』の記者による独自の〝潜入取材〟とされている。つまり客として店に上がり、部屋で女の子に事情を聞いたわけである。接触した女性は「ウェートレスで月十五万円」の約束で来日したが、その日のうちに大阪空港から旅館街に直行させられ、翌日から〝仕事〟を強要されたという。稼ぎの八割がピンハネされて、外出は土日の昼間の二、三時間のみ。それも近くのスーパーマーケットに行く程度しか許されていなかったとある。要するに、「いくらなんでもやりすぎ」という状態だったわけだ。

それ以降、関西の新地を特集するような雑誌の企画に、東岡の旅館街が登場することは一切なくなってしまった。警察としては「売春旅館」が全国区になってしまったことでメンツをつぶされたうえ、肝心の女性を捜索の寸前に移されてしまうという失態を演じたわけだから、今後は絶対に許さないということになったのだろう。（一九八八年二月）

ＪＲ郡山駅から洞泉寺までは徒歩10分。東岡までは徒歩20分。当時の料金は15分5千円、30分1万円、泊まりは4万円。

［兵庫県神戸市］

福原

神戸で繁華街といえば今は三宮周辺ということになるが、かつてはＪＲ神戸駅に近い新開地や福原の方が、むしろにぎやかだったのだそうだ。福原には明治に入ってから遊廓が置かれ、昭和五年発行の『全国遊廓案内』によれば、そのころ妓楼九十三軒に女性が千三百二十人。また、昭和三年発行の『売春婦論考』（道家齋一郎著／史誌出版社）には次のような記述がみられる。〈兵庫県では何といっても福原の遊廓が一番大きい。九十一戸より成り、娼妓の数は一千二百十七人。次が武庫郡西富田町の遊廓か、市内新川のそれかであろう〉。

その福原も戦災で全焼し、戦後はいわゆる赤線に移行。昭和三十年発行の『全国女性街ガイド』によれば、当時いた女性は四百三十一人。〈十人に一人は美人がいるが、衛生施設の悪いことは大赤線では日本一〉といったことが書いてある。売春防止法施行後は「浮世風呂」で名を馳せたのち、現在あるようなソープランド街に転身した。

「浮世風呂」の末裔たち

初めて福原に行ったのは一九八七年の春。たしか福原のソープ嬢の中からエイズ患者が出たという噂が広まり、マスコミがさかんに取り上げている最中のことだった。なるほどソープ街は閑古鳥が鳴いていたが、話の種にとソープランドに入ってみた覚えがある。ところが、それがどういう店でどんな女性が付いたのか、ほとんど記憶がない。福原に着いて、目抜き通りの「柳筋」「桜筋」、その中間にある二本の細い通りと、くまなく一周したところまでは覚えているのだが、廓内にある有名な「つぼ焼」の店に入り、勢いをつけようと燗酒を二、三杯ひっかけたところで記憶が途切れてしまったものらしい。つぼ焼というのは、さざえの殻の中に何か別の貝のひもを詰めこんで煮立てた大衆的な料理で、その店の名物になっている。

東京に帰ってから、そんな話を大阪出身の先輩にしてみたところ、「なんだ、福原に行ってソープランドか。浮世風呂には行かなかったのか」といわれてしまった。

昭和三十年代の後半から四十年代にかけて、福原には「浮世風呂」と呼ばれる一世を風靡した独自の風俗があった。当時の週刊誌などの記事を総合すると、個室は必ず畳敷きで「連れ込み旅館」風の風呂が付いている。風呂では女性も裸になって体を流してくれる。上がると布団は使わずに、畳の上にバスタオルを敷いて――といったサービス内容だったらしい。料金は昭和四十三年ごろ、入浴料千円、サービス料五百円。そのほかに女性に渡す料金の相場が二千五百円程度。玄関には遣《や》り手婆さんがいて、初めのうちは赤線時代の建物を改築したものが多かったが、そのうちに新築の店も増えていったとのことである。「トルコ風呂（個室付き特殊浴場）」とはまた少し異なり、風俗営業の認可を受けていないあいまいな業種だったため、たびたび取締りの対象になったという。業者側はそのつど「福原新旅館組合」「ニュー・トルコ組合」といった組合を作って客引きなどを自粛し、急場をしのいでいた。

つまり大阪の「アルバイト料亭」に風呂が付いたようなもので、それはそれで合理的なシステムだったことがうかがえるわけだが、そうしているうちに本格的なソープランドの時代がおとずれたため、時代遅れでなおかつ認可の取れない浮世風呂は自然消滅していった、ということなのだろう。八〇年代後半には、すでに今と変わらぬ近代的なソープ街になっていたはずで、裏通りには遣り手婆さん風の女性が呼び込みをしているソープランドが何軒かあったものの、浮世風呂というよりは大衆的なソープという印象だった。また、表通りをはずれると、「アルバイト料亭」「お座敷サロン」といった看板を出している業種のわかりにくい店があったことを覚えている。

それから震災をはさんで十数年。再び福原に行く機会を得たこちらは、浮世風呂の名残に触れてみたいと思った。

柳筋に「いろは」という和風のソープランドがある。敷地が広く、内装などに遊廓の面影を残している店として知られており、浮世風呂全盛のころの雑誌記事にも、代表的な店のひとつとして紹介されている。

柳筋の通りから折れて横丁に入ったあたり。左が「いろは」

ところが店の前まで行ってみると、折あしく臨時休業とかで、「明日まで休み」という貼り紙が出ている。さてどうしたものか。このままつぼ焼きの店に入ってしまったのでは前回の二の舞になりかねない。

しばらく立ち止まっていると、不意に話しかけてきた女性がいた。

「休みやろ、なじみでもおるんか」

見れば七十くらいの小柄な婆さんである。とくになじみの女性はいないが、かくかくしかじか、人に聞いてきたのだといってみると、それだったらうちに来いという。なんのことはない「ちょんの間」らしき店の客引きだったのである。料金は一万二千円だという。

それほど離れていないところにあった店は、「お茶屋」の看板を出していた。しもた屋風のまだ新しい二階家である。若い子はいるかと聞くと、「おらんおらん」と首を振って、いやなら別にいいという顔をしている。昼間だけ来ている〝人妻〟がいるのでぜひその女性にしろという。

上がることに決めると、婆さんは玄関の横にある階段から二階に向かって声を張り上げた。

「アキちゃーん、お客さん行くよー」

階段を上りきったところで待ち受けていたのは、赤いワンピースを着た中年の女性だった。身長は一六五センチほどあって、黒い髪にパーマをかけている。通された六畳間は畳もまだ新しく、部屋の真ん中にこたつが置かれていた。

意外だったのは風呂があるということで、「アキ」さんは「湯加減をみてくる」といっていったん出ていくと、まもなく戻り、少し離れた場所にある風呂場に案内してくれた。家庭用のバスタブが置かれたごく普通の風呂場である。湯につかってから、丁寧に体を洗ってもらった。

先に戻るようにいわれて部屋で待っていると、しばらくしてから彼女も戻ってきた。こたつの下敷きが大きくはみ出しているところにバスタオルを広げて、二つ折りにした座布団を枕代わりにすると、身体に巻いていたタオルを取ってあおむけになった。

こちらも横になり、胸のあたりに触れてみたのだが、思わず手を引っ込めたのは、その肌が異様に冷たかったからである。

「どうしたの、いやに冷たいじゃないの」

「気にせんといて。今、風呂で水かかってきたんや」

聞けば彼女は一種の特異体質で、暖房をつけた部屋に入るとたんに汗が流れてきて、貧血を起こすこともあるのだという。こたつや風呂にも入れないらしい。とはいえ客商売だから暖房をつけないわけにもいかず、仕事の前には何杯も水をかぶって身体を冷やしてから床に就くのだという。眉間にしわを寄せながら、アキさんはそんなふうに説明

してくれたのである。（二〇〇一年三月）

福原のソープ街までは、神戸市営地下鉄湊川公園駅、または神戸高速鉄道新開地駅で下車。それぞれ徒歩2分。本文中のつぼ焼の店は桜筋の中ほどにある。

中国・四国

市電の駅があるはりまや橋交差点に再建された「はりまやばし」（高知市）

［鳥取県米子市］

米子皆生温泉

山陰の鳥取、島根にはいくつもの温泉地がある。その中でも、皆生《かいけ》温泉はとりわけ脂粉の香りの濃い土地柄で、『安来節《やすぎぶし》』とともに宴席には芸妓が付きものだった。昭和三十年発行の『全国女性街ガイド』にも、当時の花柳界について次のような記述がある。〈三保関を前にした夜見ヶ浜の白砂青松。芸者は甲乙合わせて置屋十三軒に七十二名。甲というのは安来節など歌う宴会芸術家群。乙とは転び族。転ぶといっても、顔はよし、歌はうまし。それで泊りが千八百二十円。風光は絶佳であるが上に、妓は全部心美しい。昼過ぎになると海へ向って安来節を習っている光景がよく見かけられるほど芸熱心……〉。

皆生温泉には現在、山陰地方で唯一のソープ街があり、十数軒が営業中である。

海に湯が湧く温柔郷

三泊四日のパック旅行を利用して松江と米子に行ったのは、たしか二月上旬のこと。全国的に天気は荒れ模様で、飛行機はなんとか羽田を飛び立ったものの、いざ空港に近づくとこんなアナウンスが流れてきた。「出雲空港上空の天候しだいでは、大阪に引き返すこともありますので、あらかじめご了承ください」。滑走路付近に強風が吹いているとのことである。きゃしゃな機体のダグラスMD-90型機は一度、二度と着陸を試みるものの、そのたびにまた上昇してしまう。三度目のトライでようやく成功。気がつくと、掌にはじっとりと汗が浮かんでいた。

初日と二日目を島根県の松江で過ごしたこちらは、三日目、予定どおり鳥取県の米子まで足を延ばすことにした。といっても、松江市から米子市までは電車で三十分だから隣町のようなものである。最終的な目的は皆生温泉のソープ街を取材することだが、午前中から開いているはずもないだろうから、米子市内を少し探検してみることにする。盛り場のある「朝日町」まで行ってみることにした。

米子駅から二十分ほど歩き、市役所前のバス停を通り過ぎると、ほどなく「旭橋」という古びた橋にさしかかる。通りを横切っているのはコンクリートで固められたドブ川のような川で、生活用の小橋がいくつもかかっているのが見渡せる。川の両側には、飲食店や旅館らしき建物が点々と連なっている。地図によれば、この川の右手の奥が朝日町である。

川沿いの細い道を少し行くと、「覚証院橋」という橋のたもとに立札があった。米子市が町ごとの歴史を調べて製作した立札のひとつで、朝日町についてはこのように記されていた。〈朝日町がにぎやかな町筋となったのは、明治四十五年国鉄山陰線の開通を記念して、全国特産品博覧会が当時の米子高等女学校で開催され、朝日町がその通路に当たったためである。大正デモクラシーの波が、ゆっくりと地方に及んだ大正末期から、映画館やカフェー、飲食店が次々に建ち始め、人々が往来する盛り場となった。戦後の様変わりは特に著しく、裏通りにまで飲食店が軒を連ねる夜の歓楽街となった。〈後略〉〉。

朝日町に入ってみると、たしかに表通りだけでなく裏通りにまでびっしりと飲食店が並んでいる。さらにその裏にも通りが何本かあって、それぞれ勝手な方向に延びているといった具合で、なかなか町の全体像がつかめない。

『全国女性街ガイド』の著者である渡辺寛氏は皆生温泉だけでなくこの町にも足跡を残しており、当時の様子をこんなふうに書き残している。〈加茂川なる汚い川に沿い、朝日町なるパン宿散在す。部屋は汚いが、ハッとおどろくほどの松江美人系がいる。おもしろいのは、その宿に「風俗飲食業」の看板がかかっている。考えたものだ。泊り八百円〉。おそらくそのころは、ここに書かれたとおりの盛り場だったのだろう。今ある店はほとんどが小規模なスナックや小料理屋で、年月を経ているものが多く、昭和二十年代から三十年代に建てられたと思われるモルタルを使った個性的な構えの店もある。はたしてどんなママさんがいるのか、ふらりと入ってみたいような気がした。

松江で過ごした二日間もそうだったように、この日も雲は厚く、日中とは思えないほ

赤線の町だった「朝日町」は、かなりの規模を持つ飲み屋街になっていた

ど通りは薄暗い。建物の写真を撮るには、絞りを目いっぱい開けて、シャッター速度を三十分の一以下にまで落とさなくてはならない。飲食店だけでなく風俗店もあるのではないかと注意しながら歩いたのだが、町はずれにピンサロとフィリピン・パブが一軒ずつある程度で、今はもう戦後の一時期のように風俗がさかんな様子はない。早々に引き上げることにした。

朝日町から皆生温泉まではタクシーで約十分。そこは日本海に面して平坦な土地にひらけた温泉地で、団体客専用のような大型のホテルが多く、海に向かって眺望の良さそうな部屋が並んでいる。もっとも、規模の小さなホテルや旅館は皆無といってもよく、そぞろ歩きに適した飲み屋横丁や土産物を売る店なども見当たらない。脂粉の香りはすっかり抜けて、今はもっぱら保養のための温泉地といった趣きだ。

それでも町はずれまで行くと、ストリップ劇場が一軒、昼間から営業しており、写真を見るとこちらでも名前を聞いたことがあるような踊り子が演《の》っている。ソープ街はその劇場から通りを一本へだてたところにあった。それほど広くない一画に、ソープランドがざっと十二、三軒。ちょっと前まではもう二軒あったということである。これだけの規模から推察するに、おそらくはほかのソープ街と同様、禁止除外区域（営業許可区域）に指定されて、あるとき一気にソープ街が形成されたとみるべきなのだろう。店の表にはたいてい呼び込みが立っているのだが、中に一人、店名の染め抜かれたはっぴを

着た、一見旅館の番頭風の初老の男がいた。若い子はいるかと聞いてみると、

「お客さん、こんな温泉場にそうそう若い子などおりません。二十九歳の子なら今すぐ入れますけど、四時過ぎになれば二十四歳で地元出身の子が出勤してきます。少し待ちますが、時間があるようでしたらその子でどうですか。真琴というんですが絶対に間違いありません。うちは良心的な店ですから」

と、苦みばしった表情は変えずに役者のような口調でいう。なんとなく信用がおけそうな気がしたので、男の言葉にしたがうことにした。

店は純和風のつくりで、多少古びてはいるものの内装などに金がかけられていることがわかる。待合室に通されて、一時間半待ったところでボーイが呼びに現れた。階段の前で引き合わされた「真琴」は、色白で小柄な女の子だった。藤色の着物をはおり、伊達締めだけざっと締めている。彼女に案内されて入った個室は広く、ベッドのあるスペースと湯殿が擬宝珠のある手すりで区切られていた。

真琴は口数の少ない方だったけれど、無愛想というわけではない。長い時間待っていたことを呼び込みの男から聞かされたらしく、「退屈しなかったですか」と、こちらの顔をちらっと見ていう。入店して三年になるというが、年齢よりもむしろ若く見える。唇がぽってりと厚く、十二単《じゅうにひとえ》の似合いそうな面長で下ぶくれの顔立ちは、人国記などに出てくる「出雲美人」そのままである。彼女によれば温泉客は少なく、車で来る常連の

客が多いということだった。

やがて真琴ははおっていた着物を脱ぐと湯殿に誘ってくれた。肉づきが良く、つるりとしたうしろ姿を見ながら、こちらもあとに続いたのである。（二〇〇二年二月）

ソープ街は、皆生観光センターバス停から徒歩2分。
料金はほぼ全店、総額2万5千円（80分ないし90分）。

下関

［山口県下関市］

昭和五年に発行された『全国遊廓案内』によれば、そのころ下関市内には六カ所の遊廓が存在し、旧市街の「稲荷町」と「裏町」にそれぞれ十軒程度。繁華街の「豊前田」に三十数軒。国鉄下関駅や漁港に近い「竹崎町」「今浦町」「新地町」に合わせて六十軒。一方、戦後の『全国女性街ガイド』には、赤線は二カ所あって「豊前田」に五十軒、「新地」に七十五軒と紹介されている。

関門トンネルが開通したのは戦時中の昭和十七年のことで、それまでは下関は山陽本線の終着駅だった。つまり、九州への旅客はいったん列車を降りて連絡船に乗り換え、対岸の門司まで渡る必要があった。国鉄が運営していた関門連絡船は駅のすぐうしろから出港しており、利用者はしだいに少なくなっていったものの、昭和三十九年まで存続していたという。

海峡の向こう側のソープ街

「海峡の町」下関も福岡空港から北九州を経由して電車で乗り入れてしまうと、ほとんど九州の地続きといった印象でしかない。福岡空港から博多まで地下鉄で十五分。博多から北九州の小倉までは新幹線で二十分。さらに小倉から下関まで在来線で十五分。小倉を出てからしばらくすると電車は関門トンネルの中を走ることになるが、その間の約三分間、車内は怒鳴らないと会話ができないほど騒音がひどく、初めてだとけっこう長く感じるものである。地上に出るとしばらくは水産物を加工する工場ばかりが続く一帯を走り、やがて電車は高架の下関駅に着く。

源平合戦の壇ノ浦、武蔵・小次郎の巌流島といった大河ドラマ的な名所から、イルカのショーで有名な下関水族館、「先帝祭」で知られる赤間神宮と、市内には数々の観光スポットがある。歴史に興味がある人なら高杉晋作と奇兵隊にゆかりのある史跡も見逃せないところだろう。

しかしそれらはまたの機会ということにして、今回も皆生《かいけ》温泉のときと同様、こちらは第一にソープ街の現況をたしかめなければならない。連載している雑誌の性格上、読者の興味はそちらの方面にあるからである。下関のソープ街は駅から歩いてすぐのところにあると聞いている。

駅を出て左に行くとすぐに山陽本線のガードが見えて、くぐると左前方一帯が漁港になっている。漁港と平行する一本道に入ると、五十メートルほど進んだところに「まるは通り」と書かれた鉄骨のアーチがかかっていた。「まるは」とは、魚肉ソーセージやまぐろの缶詰など水産物の加工食品でおなじみの「マルハ」のことで、下関に本拠を置く代表的な地場産業のひとつである。通りの入り口の角にマルハのビルがあることから、この愛称が付けられたようだ。

ところが、アーチをくぐるとそこから先はマルハとはあまり関係がなくなり、通りはソープランド一色になってしまう。それほど悪くないつくりの店が十軒ほど並び、パチンコ屋に突き当たってまるは通りは終わる。突き当たりを左に折れればそこは漁港であり、右に折れると駅から続くバス通りに出る。車はもっぱらそちらの通りを走るので、まるは通りはほとんど車の入らない静かな裏道でもある。それにしても、通りの名前といい、漁港に近い立地といい、どことなく魚臭いソープ街、といったら失礼だろうか。町名でいうと「竹崎町」だから、戦前に遊廓が置かれていた場所か、あるいはそれに近い区域なのかもしれない。戦後の赤線「新地」も、ここから目と鼻の先のところにある。

こちらがまるは通りのアーチをくぐったのは午後の四時ごろ。人通りは全くなく、店の前にいる呼び込みの姿だけが目につく。注目を浴びるのは目にみえているが、覚悟を決めてひやかしてみることにした。

呼び込みはそれぞれの店に一人ずつ出ている。年配の呼び込みの中には大儀そうに椅子に座っている人もいる。遣《や》り手婆さん風の女性が呼び込んでいる店もあった。端から順番に一軒ずつ料金を聞いて回ったところ、ほとんどは二万円以下の大衆的な店だったが、高めの料金設定にしている店がいくつかあって、そういう店は表に立っている呼び

ソープランドが並ぶ「まるは通り」。JR 下関駅は正面方向

込みも若く、服装などもきちんとしている。「だんなさん、ご予算はいくらぐらいですか。今、出勤してきたばかりの子がいます。一番人気のある子ですよ」と、具体的な言い回しで呼び込んでくる蝶ネクタイ姿の男がいた。もうこれ以上通りを行ったり来たりする気も起きなかったので、吝嗇家《りんしょくか》のこちらとしては珍しく、その「下関一の高級店」に入ってみることにしたのであった。といっても総額三万円だから、東京の吉原などにあるような接待用の高級店とはちがい、個人で遊びに行ける範囲の料金である。

先に入浴料を一万円払って待合室に入ると、まもなくボーイが呼びにきた。付いたのは光沢のある玉虫色のスーツを着た若い女の子である。身長は一六〇センチくらい。おっとりとした感じの美人で、髪はセミロングにしている。

個室はベッドルーム、浴室スペースとも六畳程度で、縦長にレイアウトされている。室内に入ってまず目についたのは、そこかしこにあるピンク色の「キティちゃん」グッズである。

上着をハンガーにかけてもらい、荷物を脱衣かごの脇に置いてからベッドに腰を下ろした。「キティちゃんが好きなの？」とさっそく話を向けてみると、

「それほどでもないけど、少しは居心地がいいようにしようと思って……」

と、あまり表情を変えずにいう。キティちゃんだけでなく、浴室にあるローションなどを入れておく棚も、汚かったので新しいものを買ってきて自分で組み立てたという。

話の糸口にしようと血液型を聞いてみると、B型だという。

「なんとなくわかるよ。こう見えても昔から、B型の女性にはだいぶ泣かされてきたからね」

そんなふうに出まかせにいってみると、

「B型の女って相手によって全く変わるんですよ。好き嫌いがどうしても顔に出るし。お客さんはもしかしてO型ですか」

と、ようやく彼女は自分から口を開きはじめた。名前は「さおり」といって、年齢は二十三歳。入店して六カ月目。北九州の戸畑にある実家からほぼ毎日、電車で通ってきているという。家には居酒屋で働いていると話しているらしい。

浴室に下りると、「ブラシ洗い」「壺だめし」「潜望鏡」「ボディ洗い」と、ソープランド独特の技術を要するプレイが流れ作業のように続く。すっかり終えてベッドルームに戻ると、「たばこを一本だけ吸わせてください」という。「いかにもひと仕事終わったという感じだね」といってやると、マットを使ったプレイが苦手で、何度やってもうまくいかないと顔をしかめながら答える。たしかに、体と体を密着させるボディ洗いの最中に話しかけてみても、真剣な表情でローションにまみれた体を滑らせるばかりで、余裕のない表情だったことを思い出したものである。（二〇〇〇年四月）

まるは通りのソープ街まではＪＲ下関駅から徒歩3分。料金は総額3万円（90分）。延長料金30分8千円。

[高知県高知市]

高知

明治の初めから戦前にかけて、高知市内には二つの遊廓があった。「下《しも》の新地」「上《かみ》の新地」がそれである。下の新地は鏡川の河口に近い埋立地にひらかれ、港に近いせいもあって、漁業関係者を上客としていた。通りをはさんで十数軒の妓楼が向かい合っていたほか、料亭には芸妓がいた。映画化もされた小説『陽暉楼』（宮尾登美子著）は、この付近にあった実在の料亭をモデルにして書かれている。下の新地は「稲荷新地」「下知新地」とも呼ばれていた。

一方、上の新地は鏡川の上流にあたる「玉水町《たまみずまち》」にあって、軍人などが出入りしていた。「玉水新地」とも呼ばれ、妓楼の数は三十数軒。戦災に遭って廃業した下の新地に対して、戦後は建物もそのままに、いわゆる赤線地帯のひとつになっていった。

南国土佐の赤線跡探訪

赤線時代の只中に発行された『全国女性街ガイド』の著者、渡辺寛氏は、四国を一周した印象を次のように記している。

〈四国の人間くらいおっとりしているのも少ない。四方を海に囲まれた独立国のようなところだから、そこだけでちんまりと固まってしまい、人のよいわりに強情で、くさ味のある人間が出来上る〉。ほめているのか、それともけなしているのか、どちらともいえないような言い方だが、さらに続けて、女性の気質についてはこんなふうに表現している。

〈女心も大ざっぱ。きめの細かさはのぞむべくもない。四国や南九州のぶあんと暑さのかぶさるような夏を過してみるとわかるが、しんねりむっつり一人の男性を愛する根気など消し飛んでしまう〉

氏はライフワークだった「女性街」の取材を続けるために、勤めていた大手新聞社をやめて、自由に活動できる化粧品のセールスマンになって各地を訪ね歩いたという。そんな経歴を持つ氏の率直な感想なのだから、あながち見当違いとも思えない。

もっともそれから半世紀が経過して、交通機関は格段に進歩し、四国と本州を結ぶ橋もかけられた。空路を利用すれば、高知までは東京から飛行機でわずか一時間。人の出入りも昔にくらべるとはるかに増えたはずである。「ぶあんと暑さのかぶさるような夏」は変わらないにせよ、当時とはちがって、一般の家庭にまでクーラーが普及するようになった。はたして、四国は今でも〝独立国〟のままなのだろうか——。

高知市のへそともいえる「はりまや橋交差点」に到着したのは、ちょうど昼の十二時ごろ。路面電車の市電から降りて、町の風景でも撮ろうと横断歩道の端でカメラを構えていると、お昼を食べに出てきた制服姿のOLやサラリーマンがぞろぞろ歩いてくる。なんとなく顔や髪形などに目がいくことになったのだが、すぐに感じたのは、男女を問わず浅黒い顔の人が多いなあということだった。また、丸顔の人が少なく、どちらかといえばいかつい顔立ちの人が多いような気もする。人間の顔が、東京あたりとはちがうような気がしたのである。初めのうちは、はるばる〝南国土佐〟までやってきた高揚した気分のせいかとも思ったのだが、それから何日間か、高知市とその周辺で過ごしてみると、その印象はますます強くなってくる。急峻な山脈に北側をさえぎられ、南側は海岸線が長く続く高知県は地形的に孤立していて、気質も独立国的ということである。

四国だけでひと夏を過ごしたという渡辺氏のようなわけにはいかず、こちらの取材旅行はなかなかいそがしいものだった。かつての遊廓「下の新地」「上の新地」の探訪はもちろんのこと、はりまや橋交差点からさほど離れていないところにいくつかあったとされる赤線、青線の跡もたしかめなければならない。資料を探しに図書館に行く必要があるし、地元のミニコミ誌も調べてみたい。

まず取りかかったのは、図書館で資料にあたることだった。幸い、下の新地に関するちょっとした資料が見つかったので、手始めにそちらに行ってみることにした。

市電の「はりまや橋」停留所から五つ目の「知寄町二丁目」で降りて、南側に五分ほど歩いたところが、『陽暉楼』の舞台にもなった遊廓の跡地である。しかし現在は住宅や工場、事務所などがあるだけで、面影は全くといっていいほど残っていない。何かの行事のさいに建てられたと思われる「昭和五年三月　植櫻樹記念　下知遊廓」と刻まれた石碑と小さなお稲荷さんが、広い駐車場の隅に放置されているだけである。資料で見たとおりのものだが、これらが残っていただけでも幸いというべきか。

一方の上の新地については、地元の『月刊土佐』というミニコミ誌が、一九八〇年代に「遊郭・玉水町今昔」と題した特集を組んでいた。町の沿革のほか、詳細な町内の見取り図があり、貴重な建物の写真も数点掲載されている。

上の新地に向かうべく再び市電に乗り込み、知寄町二丁目停留所とはは りまや橋をはさんで反対方向の、「上町五丁目」の停留所で降りる。電車通りを離れて鏡川の方に歩いていくと、右側に細い一方通行の通りがあり、入るとまもなく掘割に「思案橋」という石の橋がかかっている。ここが上の新地の入口で、通りは道から一段下がったところを流れる掘割に沿って、およそ二百メートルほど続く。そのうち手前の百メートルほどはマンションや駐車場になってしまい、ほとんど見る影もないが、進むにつれて元は妓楼と思われる大きな木造の建物がいくつも現れてくる。とくに、掘割の傍らにはそんな建物が何軒も並んでいる。町名は現在も「玉水町」のままである。

西日の当たる玉水町の全景をカメラにおさめて、初日の取材を終えることにした。

遊廓「上の新地」（玉水新地）が置かれていた玉水町。
現在も掘割沿いに当時の建物が並ぶ

はりまや橋交差点の近くにあったとされる赤線と青線については、昭和三十年に発行された『旅行の手帖No.23』（自由国民社）の中に次のような記事がある。

〈高知の女体観光地としては、市電停留所の五丁目附近に、イワユル昔風の遊廓が三、四十軒。堀詰から南へ入った処にも最近出来た赤線区域が七、八十軒あって、赤、青、桃色のナマメカしき電燈に、洋装、和装色とりどりのパン嬢が一段とアデヤかさを加えている。ここから、もう少し南へ突き抜け、鏡川を渡ると、この川の畔は青線旅館区域となる〉（「高知美女めぐり」山本喬史）

文中にある「五丁目附近」というのは玉水町のことだろう。「堀詰」というのははりまや橋交差点に近い、緑道公園のはじまる角を指している。そうしてみると、記事に書かれている新興の赤線があったのは、現在ソープランドをはじめとする風俗街になっている「堺町」ということになる。堺町には風俗店やラブホテルにまじって、ひとつの建物にドアがいくつもあるような、赤線当時のものらしい家が今もわずかに残っている。また、別の資料では、そこから電車通りをはさんだ旧町名「弘岡町」にも、もうひとつの赤線があったとされている。弘岡町は現在の町名でいうと、南はりまや町の南側の部分にあたり、現在はこぢんまりとした旅館と住宅が混在する静かな町になっていた。

その夜、居酒屋で注文したかつおのたたきの豪快なサイズに驚き、「土佐鶴」の燗酒がすすんだこちらは、まっすぐホテルに帰るのが惜しくなってきた。市電に乗って向かったのは玉水町である。

あらかじめあたりをつけておいた、一軒の元妓楼風の建物に入った。

「お願いしたいんですけど、いくらかかりますか」

出てきた中年の女性に尋ねてみると、

「若い子だと七千円、ちょっとおばちゃんの人なら六千円。兄ちゃんやったら、若くて細い子がええやろ」

と、すぐに話はまとまり、二階の和室に通された。扇の形に壁をくり抜いた明り取りの窓があり、掛け軸も下がっている粋な六畳間である。布団の上に白いシーツが敷かれて、たたんだタオルケットが乗せられていた。枕元には脱衣かごのほか、旧式の大きな扇風機が鎮座している。

ものの二分ほどでどこからともなく現れたのは、年齢のわかりにくいやせた女性だった。ひと言ふた言、天候の話などをしてから横になると、彼女はこちらの股間にもぐりこんできた。

「ああ怒《おこ》ってきた、怒《おこ》ってきた……」

そういうと彼女は、伏せていた視線を初めてこちらに向けたのである。（一九九九年十月）

玉水町（玉水新地）までは市電上町五丁目から徒歩5分。料金は本文のとおり。堺町のソープランドは約10軒あり、はりまや橋交差点から徒歩7分。総額2万5千円から2万8千円まで（80分）。

松山

［愛媛県松山市］

愛媛県下で遊廓が公許されていたのは、松山市内の「道後」と、松山港に近い「三津」、それと今治市にあった遊廓の計三カ所。三津は、民謡『伊予節』に「伊予の松山名物名所　三津の朝市道後の湯」と唄われた港町で、遊廓は住吉町にあった（「稲荷新地」）。道後とはもちろん道後温泉のこと。温泉街ではもともと、旅館ごとに「湯女《ゆな》」と称する女性が控えていたが、明治に入って町の東側の斜面がひらかれ、「松ヶ枝遊廓」として一郭をなすことになった。坂道の左右に二十数軒の妓楼が軒を連ねるようになり、戦後はいわゆる赤線に移行した。

四国で唯一の本格的な温泉地である松山は、県庁所在地であるとともに観光地でもあり、現在でも男性の遊び場所には事欠かないようである。

温泉街で会った「いよ狸」

ＪＲ松山駅から道後温泉までは距離にしておよそ三キロ。駅前から出ている路面電車の市電に乗れば二十分で到着するから、温泉地といっても町の一部のようなものである。数年ぶりに松山をおとずれたこちらは、とりあえず道後温泉まで直行することにした。

温泉街の中にある遊廓跡にその後変化がないかどうか、日のあるうちにたしかめたかったからである。蜜柑色に塗られたクラシックな電車は堀端を進み、松山城址を半周するかたちで市の中心部を通り抜けていく。道後温泉駅はその終点にあたる。

閑散としている午後の駅前広場を抜けて、土産物屋が並ぶアーケード街が途切れると、正面に見覚えのある建物が見えてくる。「道後温泉本館」といって、明治二十七年以来、町のシンボルになっている共同浴場である。元来内湯のなかった道後温泉では、旅館から手ぬぐいを下げてここへ通うのが一般的な湯治スタイルだった。威風堂々たる木造三階建ての建物で、市の代表的な観光スポットになっている。

道後温泉にあった遊廓の跡地は、その建物の右横を抜けて、道なりにしばらく行ったところにある。

古びた旅館の並ぶ一画を過ぎると、左側に「ネオン坂」と書かれた電飾付きの大きなアーチが現れる。アーチをくぐるとその先は一直線に延びる上り坂になっている。その坂の左右が、かつて「松ヶ枝遊廓」と呼ばれていた遊廓の跡である。今は飲み屋街として、バーやスナック、旅館などが軒を連ねているが、よく見ると古い木造家屋を改装したものばかりで、以前は妓楼だった建物であることがわかる。ネオン坂は二百メートルほど続き、突き当たったところは寺院の敷地になっている。

前回来たときすでに廃屋になっていたふた棟の建物が取り壊され、駐車場に変わっていたものの、ネオン坂全体の様子にそれほど変化は見られない。坂のてっぺんにあるピンク色のモルタル壁が印象的なスナックや、その向かいにある大店《おおみせ》の跡らしい奥行きのある建物も健在だった。

戦災で町のほとんどを焼失した松山市にあって、道後温泉の一帯だけは被災を免れたのだという。『松山市史』には、ゲートル姿の男に指導されて、坂道でバケツリレーの訓練をしている娼妓の写真が載っているが、幸いにも実行に移されることはなかったわけだ。

ネオン坂に灯りがともる夜の七時ごろを境に、町の様相は一変する。酔客をねらってあちこちにポン引きが出没するのである。それも決まって中年の女のポン引きばかりで、ネオン坂だけでなく、道後温泉本館の周辺やアーケード街にかけても、町の要所要所には必ず彼女らが立つようになる。

「だんなさん、ええ子がおるんよ。すぐそこやから……」

前回、夜の温泉街をぶらついていたとき、こんな調子で声をかけてきた女性がいた。まだ現役でもつとまりそうな四十代のポン引きである。握らされた瓢箪型の名刺には、「いよ狸」と書いてある。「いよ」とはもちろん「伊予」のことで、この手の店の名前にしては気が利いていると思った。今日でも明日でも電話をくれれば、いい女の子を紹介するという。結局、電話をすることはなかったけれど、こちらはその一風変わった名刺を今でも大切に保存している。料金は四十分一万五千円が相場で、アパートか、あるいは使われなくなった旅館の部屋ごとに女の子が待機しているらしかった。また、無難に遊ぶつもりなら、道後温泉には九軒からなるソープ街もあるとのこと。どちらも宴会が終わる九時過ぎから一気にピークを迎える、そんなことも彼女は話してくれた。

松山市には市内随一のショッピング街である「大街道」のアーケードに沿って、「一番町」「二番町」「三番町」と続く大きな飲み屋街がある。一番町の入り口にあるビジネスホテルに宿を定めたこちらは、夜が更けるのを待って、町をひとわたり徘徊してみることにした。

昭和四年に発行された『全国花街めぐり』をみると、〈花柳界は一番町の電停から二町あまり離れた大街道の裏手にあって、芸妓置屋二十四軒、芸妓百六十人、料理屋五十三軒〉とある。一番町には今も料亭がわずかに残り、その時代の名残がみられる。

二番町に入ると隙間なく飲食店が並ぶようになり、酔客の往来も密になってくる。しだいに猥雑な様相も帯びはじめて、ピンサロらしき風俗店の前では、呼び込みがさかんに声をかけてくる。ためしに尋ねてみたところ、料金は時間帯によって変わり、六千円から八千円程度ということだった。深夜の二時三時まで営業しているという。

三番町まで進むと、こんどは場末の雰囲気が漂いはじめる。飲食店街は途切れがちになり、ラブホテルの集まった一画が現れ、暗がりのような場所も増えてくる。

駐車場の前の暗がりにたむろしている中年の女たちは、予想どおりポン引きだった。引き返すのも不自然なので仕方なく前を通ると、次から次に声がかかる。聞いてみると、道後温泉の「いよ狸」と似たような遊びの誘いなのだが、料金は八千円というからずいぶん安い。つまり道後温泉が観光客向けなのに対して、こちらは地元の人が利用する遊び場ということなのだろう。

昭和四十一年発行の『あじ・やど・おんな　全国地方都市夜のガイド』（福村弘二著／東栄堂）をみると、当時も三番町かいわいには、こういった遊びがあったことがわかる。〈いわゆるコールガールだが、クラブ方式ではなく、旅館が直接女のコと契約をもっているから、帳場を通せばどんなタイプの女のコでもお好みのままである。十二時過ぎからのお泊りが安くあげるコツで、宿代とも博文公四枚くらいだ〉といったことが書かれている。

翌日、あらためて三番町を歩いてみると、『あじ・やど・おんな』のころからあるような旅館をいくつも見つけることができた。

道後温泉、三番町のほか、松山市内にはさらにもう一カ所、同じような遊び方のできる場所があったらしい。伊予鉄道郡中線の土橋駅に近い飲み屋横丁がそれで、元来、郡中線の始発駅である松山市駅の近くにあった青線が、あるとき移転させられてできた新開地だったという。

その飲み屋横丁の周辺を歩いてみて気づいたのは、病院が多いことである。病院銀座といってもいいほどで、横丁の隣にも総合病院がある。病院の向かい側は小学校である。つまり風紀上の理由から郊外に新開地を設けたはずが、やがて町がひらけてきて、またもや風紀上芳しからざる事態に陥ってしまった、ということなのだろう。

最後の晩、こちらが向かったのは道後温泉の中にあるソープ街だった。

「今なら二十一歳で感度のいい子がいますよ」

と、露骨な言い方をしてきた中年の客引きがいた。待ち時間もないというので入ると、まもなく若い女の子が付いた。二階の個室に落ち着いて、ベッドに並んで腰をかけた。

彼女の源氏名は「なつみ」。茶髪をギザギザにカットしたタレントのような髪型にしていて、ソープランドでは珍しく、女子高生の制服を身に着けている。

「おじさん、こっちの人じゃないわね。旅行？　それとも仕事？」

旅行中だと答えると、

「なーんだ、次からはもう来てくれないのね。やる気がなくなっちゃう」

「もう二度と来ることもないだろうね」

温泉街の一画には十軒弱の店からなるソープランド街がある

わざとそういってやると、

「そんな言い方しないでよ。ほんとにやる気がなくなっちゃうじゃない」

といって肩をぶつ真似をする。かと思うと急に真顔になって、

「おじさんはエッチな人？　エッチよね、こんなところに来るんだから」

と、笑いもせずにこちらの顔を見ている。いくらか情緒不安定気味なところがあるのかもしれない。聞けばもう子供がいて、離婚したあとは彼女の両親が面倒をみているのだという。

そんな身の上をあっけらかんと話し終えた彼女は、だらしなく脚を開くと、鼻歌を歌いながらルーズソックスを片方ずつ脱ぎはじめたのである。（二〇〇〇年三月）

ソープ街までは市電の道後温泉駅から徒歩5分。
料金は総額2万5千円（80分）で統一されている。
三番町までは、市電大街道駅から徒歩10分。

高松

［香川県高松市］

高松は四国への玄関口である。本州四国連絡橋ができるまでは、大阪や神戸、岡山県の宇野からフェリーで高松港へ向かうのが、四国に渡る一般的な方法だった。ＪＲ予讃線の始発駅である高松駅はフェリーターミナルに隣接しており、ここから乗客は四国の各地に向かっていった。本四連絡橋「児島・坂出ルート」が完成して、本州から四国まで鉄道が乗り入れるようになったのは、昭和六十三年のことである。

遊廓があったのは高松港に近い「東浜」で、昭和の初めごろには三十四軒の妓楼があった。戦後はいわゆる赤線に移行。昭和五十年代の前半からはソープ街が形成された。現在の町名は「城東町」である。赤線はほかに、町の中心部に近い琴電片原町の駅前にもあったとされている。

「萬民快楽」の遊廓跡へ

香川県は川にめぐまれず、耕地面積の一割が農業用の溜池にあてられている。耕地そのものが狭く、貧しい農家が多かった讃岐地方では、娘たちがすすんで家を出て二号さん、つまりお妾さんになることが多かった――昭和二十年代から三十年代に書かれた人国記のたぐいには、たいていこのようなことが書かれている。当時は、讃岐地方イコール二号さんの本場、ということが定説のようになっていたらしく、高松あたりでは「二号さんブーム」なるものまで起きていたらしい。

高松空港に向かう午後の便から地上を見ても、なるほど田畑にまじって大小の溜池らしきものが点々と目につく。狭い土地を有効に活用する一方、女性たちが内職に精を出すような、かつてのつましい生活ぶりが目に浮かんでくる。

もっとも今では香川県といえば、ガイドブックや雑誌の特集をみても、もっぱら「讃岐うどん」ということになっている。風土色といっても今の時代は食い気の方ばかりで、昔にくらべると色気の方にはあまり関心が持たれていないような気がする。

こちらが高松市内に着いたのはすでに夕方に近い時刻だった。予約しておいたホテルで旅装を解き、さっそく市内を見て回ることにした。

高松の盛り場は、琴電瓦町駅と片原駅を結ぶ「フェリー通り」に沿って一キロほど続いている。フェリー通りと平行して「ライオン通り」というアーケード街もあるが、そちらは完全な商店街である。フェリー通りには交叉する細い通りが十本ほどもあって、通りごとに町名が変わる。そのほとんどに飲み屋や風俗店があるので、すべてをたしかめようとすると、それだけで一日仕事になってしまう。高知や松山のように市電が走っていない分、移動にも骨がおれる。

風俗店は見たところほとんどがピンサロと思われる店だった。「ヘルス」や「性感」といった看板を出している店もないわけではないが、シャワーの設備まではととのっていないということなので、実質はピンサロのようなものである。つまり厳密にいえば、風俗店ではなく飲食店ということになる。片原町に七、八軒集中しているほか、通りごとの店を全部合わせると三十軒近くになるだろうか。フェリー通り沿いの大工町のあたりには、パチンコ屋と見間違えるような巨大な看板を掲げている店もある。バニーガールの姿をネオンサインで描いたものなのだが、大きさは畳十畳ほどもあって、夜になってネオンがつくと、その迫力たるや、ついぞ見たことがないようなものであった。

琴電片原駅のそばにあったとされる赤線の跡は、これといって特徴のない駅前の飲食店街になっていた。駅からフェリー通りに出るまでの、長さにして三十メートルほどの細い通りに大衆的な食堂や一杯飲み屋が並び、交叉する横丁が二本ある。店の数は全部で二十軒ほどだろうか。地域全体に再開発の予定があるらしく、古びた建物を古びていくがままに使っていた。かつては「パラダイス」という呼び名で親しまれ、三十軒ほどの店があったとされている。

町を歩いているとさすがに本場らしく、あるいはやはりブームなのか、いたるところに讃岐うどんの店がある。値段も手ごろで、丼物とセットにしたり、メニューも工夫されている。ところがこちらは中年を過ぎてからアレルギー体質がますます進んで、最近

「パラダイス」という名の赤線だった琴電片原町駅前の盛り場

では麺類やパンなど、小麦を使った食品を体が全く受けつけなくなっているのである。まるで「おあずけ」をくった犬のように、メニューをながめるしかない。歩きくたびれて飲み屋に入る気分でもなかったので、弁当と飲み物を買っていったんホテルに引き上げた。

かつて遊廓の置かれていた城東町は、ＪＲ高松駅から玉藻城址を間にはさみ、徒歩で二十分ほどのところにある。高松港のフェリー乗り場からだと岸壁沿いを歩いて十五分くらいだろうか。幅二百メートル、奥行き四百メートルほどの、海に向かって突き出した半島のような形の町で、半島の根元のあたりに「東浜恵美須神社」という立派な神社がある。遊廓があったのはその奥で、ソープランドのほか、戦後の赤線時代のものと思われる木造の建物も十棟ほど残っている。遊廓時代の古い妓楼は戦時中に空襲を受けて全焼したということである。

東浜恵美須神社の正面の鳥居を見ると、左右の柱に「一天泰平」「萬民快楽」という文字が大書されている。一天泰平はわかるにしても、萬民快楽とは、場所が場所だけに苦笑してしまう。玉垣には「新地睦会」という文字も見え、寄進した店の名前が柱ごとに彫られている。店名からして戦後の赤線時代のものらしく、数えてみると四十五軒あった。

『トルコロジストのせんちめんたるじゃ～にい』（現代書林・昭和五十六年発行）には、著者の広岡敬一氏が城東町のソープランド（当時は「トルコ風呂」）をおとずれたさいの体験談がつづられている。ソープ街ができたのはほかの地域よりも遅く、この本が刊行された年の二年ほど前だったが、すでに十四軒が営業中だったとある。店の構えは総じて豪華で、「ミニ雄琴風」だったとも書かれている。

当時は強引な客引きをするソープランドが何軒かあったといい、ソープ街の中だけでなく、駅からの通り道にもバイクや自転車に乗ったこわもての客引きが出没したらしい。氏はその日、高松駅からタクシーに乗って城東町を目指したのだが、たまたま特定のソープランドと提携している運転手の車に乗ってしまい、リベート目当ての割高な料金でしつこく誘われたという。断わると途中で降ろされてしまい、歩いて行こうとしたところ、くだんのバイクや自転車に付きまとわれて、ほうほうの体で一軒の店に飛び込んだとある。

この本の印象が強く残っていたこちらは、徒歩でソープ街に近づく気がしなかったので、ホテルの電話帳でソープランドの番号をたしかめたうえ、送迎を頼むことにした。九軒載っているうちから一軒を選んで電話すると、まもなく車がホテルの表まで迎えにきた。運転手は一見遊び人風でハッとさせられたが、話してみると礼儀正しく、店の特徴などを丁寧に話してくれる。悪質な客引き云々の話は過去のものらしく、一笑に付さ

ソープランドと赤線時代の建物が混在する現在の城東町

れてしまった。（一九九九年十一月）

ソープランドの料金は全店、総額3万円（90分）で統一されている。

送迎は無料で、市内なら駅やホテル、店、路上など、場所を問わず迎えにきてくれる。

［徳島県徳島市］
徳島

徳島もまた、これまでにおとずれた四国の各都市と同様、空襲に遭って市内の大部分を焼失している。今の町並みからは想像できないが、かつては道幅が狭く町筋も入り組み、城下町然としていたらしい。市内の中央を流れる新町川の河畔には白壁の蔵が並び、江戸時代そのままの景観だったという。

遊廓が置かれていたのは駅から二キロほど南へ下ったところにある「秋田町」で、昭和五年発行の『全国遊廓案内』（日本遊覧社）によれば、「本町」「稲荷町」「曙町」「裏の町」の四町に分かれ、妓楼八十三軒に娼妓が二百五十人というから、相当な規模だったことがわかる。戦後は赤線に移行して「南新地」と呼ばれるようになった。

遣《や》り手が招く「南新地」

戦前の徳島市について書かれたものを読むと、市電を通すことができないほど街路が手狭だった、といった話が出てくる。しかし今、市内を歩いてみると、駅前からは「五十メートル道路」という中央に緑地帯のある広い道路が延びているし、商店が並ぶ東新町から銀座、籠屋町にかけては明るい雰囲気のアーケードが完備されている。アーケード街を抜けたところには「シンボルロード」というカラクリ時計のある広小路風の通りがある。印象としては、手狭というよりも、むしろ風通しが良すぎるといってもいいほどだ。

といってももちろん、一朝一夕にこのようなすっきりとした町並みになったわけではないのだろう。たとえば駅前の様子などにしても、戦後まもないころにはずいぶんと混迷をきわめていたらしく、昭和二十九年二月に発行された『旅行の手帖№12　京阪神自物から各都市の遊び場まで』（自由国民社）には、次のような生々しい記事が残されている。

〈徳島駅は、落成後一年。白亜の瀟洒な明るさにみちている。終戦当時駅前広場を占拠していた闇市の商人たちも、成功したものは駅前に店をならべ、また駅前東寄り、管理部裏に八十余軒の駅前新天地と称する飲食店街をはじめている。いわゆるハーモニカ長屋風の簡易木造建築で、夜となって、この町に灯が入れば、これらの料理屋は、駅前三十余軒の屋台店でしたたか立キュー気焰をあげた嫖客をくわえこみ、ショート・タイム、三百円の青線区域にもなる。ポン中がわめき、二号の副業の一杯屋に旦那がしけこむのもこの時間だ〉（「都市だより」松本進・徳島新聞社勤務）

まるで映画の一場面だが、この時代には、全国各地の盛り場でこんな光景が見られたのだろう。

　また、旧遊廓の「秋田町」についてはこう書かれている。〈赤線区域の秋田町五丁目は南新地と名づけられたが、元は遊廓のあったところ。八十軒三百人の女郎衆が妍を競った昔と違い、特殊飲食店五十五軒、百五十人の接客婦がドオラン化粧で、一時間四百円、泊り二千円の花に出ている〉。さらに、当時まだあった花柳界についても触れられており、〈富田町の花街は現在芸妓二十九名の閑散さ、しかも姥桜ばかり。くっつくと放さぬ阿波女の深なさけというが、生粋の阿波女は、武原はんやまり千代のプロフィールに残っているだけ〉と、続く。

「武原はん」と「まり千代」はともに徳島県出身の芸妓で、芸事にすぐれ、とくに踊りの名手として知られていた。大阪の花柳界を経て東京の新橋にまで進出したといい、戦前から戦後にかけて、玄人筋のみならず全国的な知名度を持つスターだった。写真を見ると、二人ともおだやかな表情をした品のいい瓜実顔の美人である。阿波地方は「美人の産地」というような言い方もされて、大阪の一流の芸妓には徳島県出身の女性が少なくなかったらしい。現在の「富田町」には、見たところもう料亭などは残っていない。検番のあった場所には、「ケンバンビル」という名前のビルが建っていた。

『旅行の手帖』の記事にも、同じころ出版された『全国女性街ガイド』にも全く登場してこないのが不思議なのだが、現在、徳島市内随一の盛り場になっているのは、シンボ

秋田町の建物に残されていた店名を示す古い看板

ルロードに面した「栄町」と「鷹匠町」である。二つの町を合わせた二百メートル四方ほどの区域が、夜ともなると一面のネオン街になる。風俗店もこの一画に集中していて、ざっと見たところソープランドが四軒にファッション・ヘルスが十軒くらい。ピンサロが三軒、セクシーパブ（ハッスルパブ）が三、四軒と、ひととおりの業種がそろう。

一九九二年に発行された『月刊ミューザー・最終号』（おおとり出版）の巻末特集、「日本全国色めぐり」をみると、当時は同じ区域にソープランドが十一軒あったことがわかる。そうしてみるとわずか十年間で七軒もの店が廃業したことになるのだが、ファッション・ヘルスの中にはソープランドから転業したと思われる店が何軒かある。ヘルスにしては建物が大げさすぎるし、屋上にソープランド独特の給水塔の設備が残っているので、すぐにそれとわかるのである。サービスに本番行為がふくまれ、料金も高めに設定されるソープランドから、より手軽なファッション・ヘルスに鞍替えしたのだろう。

盛り場の中にあるビジネスホテルにチェックインしたこちらは、さっそく一軒のファッション・ヘルスに入ってみることにした。料金は四十五分一万円だから、東京のヘルスにくらべるとかなり割安である。

受付で料金を払うと、「顔見せです」といって、従業員が窓のようなところに案内してくれた。全身を映す姿見ほどもある縦長のガラス窓なのだが、どうやらマジックミラーになっているらしい。従業員が呼ぶと窓の向こう側に女の子が現れて、〝気をつけ〟

のような姿勢をとった。表情はあきらかに緊張している。服装はブルマーに体操服というコスプレスタイルである。何か申し訳ないような気分になってしまい、「この子でいいです」と即座にいうと、すぐに本人に引き合わされた。彼女の案内で、顔見せスペースの奥にいくつかある個室のひとつにおさまった。広さは三畳くらいで、カーテンの隙間から外の光がわずかに漏れている。部屋の中央に置かれた厚みのあるマットレスの上に、くすんだピンク色のバスタオルが敷かれていた。

女の子は「理沙」といって年はまだ二十歳。店には一週間前に入ったばかりだという。アパートで一人暮らしをしながら何かの専門学校に通っているらしい。目鼻立ちのととのった利発そうな顔をしていて、肌もつやつやしている。高校時代はバトミントン部に所属していたそうだ。身長は一六三センチ、血液型はA型と、こちらが聞くことに素直に答えてくれる。徳島市内ではないが、県内の出身ということだった。

そのうちに隣の個室にも客が入ったらしく話し声が聞こえてくる。隣室の女性は理沙と同じ早番で三十歳ぐらいのベテランということだった。やがて会話が途切れると、こんどは遠慮のない嬌声が薄いパネルの壁を通して響いてきた。

遊廓があった秋田町は、栄町と鷹匠町の盛り場から南へ歩いて十五分くらいのところにある。小さな公園を過ぎたあたりから、二階に小部屋がいくつもある妓楼風の建物が混じりはじめて、廓内に入ったことがわかる。平行する二本の通り沿いに、戦後の「南新地」時代のものと思われる建物が二十棟ほど残っている。見るかぎり、小ぶりな和風の二階家が多い。もっとも、時間の経過とともに風化が進んで一般の住宅と区別がつきにくくなっているので、一見したところ町は住宅街にしか見えない。

一九七三年七月号の『月刊宝石』によれば、そのころ秋田町では「ちょんの間」的な遊びがさかんだったといい、南新地時代の建物を使い、旅館やスタンド・バーの名目で数十軒が深夜まで営業していたとある。料金はショートで三千円くらいが相場だったとも書かれている。

いったん秋田町から引き上げたこちらは、夕食後、もう一度様子をたしかめてみることにした。すると、先ほど見た和風の建物の中に、玄関の引き戸を開けっぱなしにして、中にいる女性が顔見せらしきことをしている家があった。たいていは遣《や》り手婆さんとワンセットになっていて、通りかかるとそれとなく目くばせをしてくる。そんな家が十軒ばかりあるものの、決まりなのか看板を出しているところはないし、照明もごく控えめである。

中年の女性が目立つ中で、際立って若い女の子のいる家があった。遣り手婆さんに招かれてのれんをくぐると、こちらだけまず一階の奥の四畳半に通された。襖で仕切られただけの簡単な部屋で、布団がひと組敷いてある。少しすると女の子が、「ごめんね、お風呂場に行ってたの」といって部屋に入ってきた。汗をかいたので下半身だけ手早く洗ってきたのだという。

彼女はヘルスの理沙と同じ二十歳。大阪からきのう来たばかりで、ゆうべから店に出はじめたといい、さっそく六人の客が付いたとも話す。丸顔でぽっちゃり型の、どこにでもいそうな女の子である。大阪ではセクシーパブで働いていたという。ここでの名前は「まい」である。

二十分後、すべて終えると、「まいちゃーん、時間ですよ」と、計ったように遣り手婆さんが声をかけてきた。まるで襖の陰から立ち聞きされていたようで、不気味な感じがしたものだった。（二〇〇二年五月）

秋田町の店は20分1万円で統一されている。JR徳島駅から徒歩25分。牟岐線二軒屋駅からは徒歩5分。ファッション・ヘルスの料金は本文のとおり。

九州

「くんち」の曳山をかたどった唐津駅前のモニュメント

若松

［福岡県北九州市］

明治の後半から昭和三十年ごろにかけて、若松は国内で一、二を競う石炭の積み出し港だった。筑豊地方の石炭は列車で若松駅構内の広大な貯炭場に集められ、傍らにある港から船で全国に輸送された。全盛期には駅員の数だけで千数百人。ほかに荷役業者、船員など合わせて数千人の男たちが、駅とその周辺で立ち働いていたという。

その繁栄の受け皿ともなった遊廓に、市街の北にあった「連歌町《れんがまち》遊廓」。ほかに、駅や港に近い「新地」の一帯にも私娼を置く店が多くあった。また明治町、浜町を中心に花柳界も栄え、商取引の舞台になった。代表的な料亭だった「金鍋」が現在も明治町に残っており、木造建築の重厚なたたずまいが当時の花街の格式を伝えている。

「連歌町」の路地裏で

若松に行く最も便利な方法は、戸畑から連絡船に乗って洞海湾を横切り、対岸の若松へ渡るというものである。戸畑の渡船場はＪＲ鹿児島本線の戸畑駅から歩いて五分くらいのところにあって、乗船時間はわずか三分。料金も五十円ですむ。平日の昼間でも二十分おきには出航しているから、本数の少ないＪＲ筑豊本線で若松駅へ行くよりもよほど手っ取り早い。

戸畑の渡船場で連絡船が出るのを待つ間、こちらの脳裏をよぎっていたのは、ある先輩に聞かされた若松の私娼街に関する次のような体験談だった。

「渡船場から斜め右の方向にどんどん歩いていくと、戦後の文化住宅のようなトタン屋根の家ばかり並んでいる町があったんだ。おれが最初に遊んだ家は二階建ての小さな一軒家で、ポン引きの婆さんが玄関を開けると、なんと子供らがちゃぶ台で飯を食っているのが見える。すると、一緒にいた三十くらいの母親らしい女が立ち上がって、おれを二階に連れて行くんだ。そしてお茶と茶菓子を運んでくると、そのまま相手をしてくれた。あのときばかりは、さすがに申し訳ない気持ちになったものさ……」

聞けば昭和四十年代の話ということである。その町では、しもた屋にそういった女性が一人ずつ住み込んでいて、昼間でも相手をしてくれたらしい。そして、中には話に出てきたような子連れの女性や、家族を何人もかかえた女性もいたとのことである。若松と水俣を往復する貨物船で船員のアルバイトをしていたというその先輩は、しばしばそんな女性たちのやっかいになっていたらしい。

いつものように『全国女性街ガイド』を調べてみても、同じ北九州の門司や小倉、戸畑、八幡の赤線については詳しい記述があるのに、なぜか若松だけは一行も触れられていない。若松の色町に関しては、戦前まで「連歌町」という町の中に遊廓があったことくらいしか予備知識がなかったので、窮余の一策として、渡船場からタクシーに乗ってみることにした。運転手に事情を話すと、JR若松駅に近い「新地」という場所に娼家風の建物が残っているというので、まずそこへ行ってもらうことにした。車の中からざっと建物を確認し、それから連歌町に回ってもらった。といっても若松は町自体がそれほど大きくないから、全行程でせいぜい十五分くらいのものである。

手元にある昭和三十六年に発行された若松市の市街地図を見ると、連歌町という町の中央に、縦百メートル、横二十メートルほどの広小路めいたものがはっきりと示されている。ところが現在の地図では同じ場所がただの空き地の印になっていて、町名も連歌町から別の名前に変更されている。じっさいに歩いてみても、たしかに広小路めいたものは存在せず、その位置には広い駐車場があり、一部は住宅になっている。おそらくはここが遊廓の敷地だったのだろうが、今となっては何も痕跡らしきものを確認することはできなかった。

連歌町から駅の方向に少し戻ると、若戸大橋へ続く広い通りを渡った先に「明治町商店街」というアーケードのある通りが延びている。ここが若松では一番の繁華街なのだが、デパートなど大型の商業施設はひとつもなく、北九州のほかの都市にくらべると相当見劣りがするといわざるをえない。

閑散としたアーケード街をぶらぶら歩いて行くと、先ほどタクシーの運転手に案内してもらった新地の通りまであと少しというところに、小さな古本屋があった。休憩がてら入ってみると、ちょっと見ただけでもセンスの良い品ぞろえだということがわかった。棚は天井まで届き、ぎっしりと詰まった本には一冊一冊丁寧にパラフィン紙のカバーがかけられている。純文学、現代詩、思想、美術を中心に、火野葦平など郷土の作家のコーナーも作られていた。店主はこちらと同年代に見える温厚そうな人である。

思い切って、先輩に聞いた私娼の町について尋ねてみると、

「D町のことでしょうか。中学生のころ通学路だったのですが、遅くなると通りに立っているおばちゃんにようからかわれて、おいでおいでをされたものです。ばってん、何十年も前のことですけん」

と、珍問ともいえるこちらの質問にも誠実な口調で答えてくれた。場所は連歌町の少し先だというから、つい先ほどまで近くを歩いていたことになる。

店を出てすぐ先の十字路を右に曲がると、そこがもう新地と呼ばれていた色町があった場所だった。現在の町名でいうと、本町二丁目から三丁目にかけての洞海湾と平行する通りのことで、タクシーから見たのは玄関まわりに緑色のタイルをあしらった、元は旅館だった建物である。ほかにも戦後間もないころのものと思われる、タイルなどで表構えだけ洋風にした飲食店や旅館がいくつかあり、赤線時代の名残をいくらか留めてい

た。

喫茶店でひと休みしてから、連歌町に再び足を向けたのは、すでに日没に近い時間だった。

古本屋の主人に教えられた場所まで来たところで、ふと人の気配を感じた。見ると、二十メートルくらい先に眼鏡をかけた婆さんが立っていた。それとなくこちらの様子をうかがっているように見える。すれちがいざま、婆さんはこんなふうに声をかけてきた。

「だんなさん、今日はお遊びとねー。可愛らしか女の子のおるとですよ」

一瞬、耳を疑ったものの、婆さんの風体や声をかけてくるタイミングはポン引きそのものである。

「いくらなの？」

反射的にそう聞くと、「五千円」だという。まだ半信半疑だったが、話の種にでもなればと、婆さんのあとを付いていくことにした。

連れて行かれたのは、通りから狭い路地に分け入り、家屋が密集したところを何度か曲がった奥にある、二軒続きの小さなトタン屋根の住宅だった。婆さんは玄関の引き戸を勝手に開けると、中に向かってこんなふうに声をかけた。

「マサちゃん、郷ひろみにそっくりなカッコいいお兄さんば、連れてきたばい」

玄関から入ったところはコンクリートのたたきで、その奥がいきなり座敷になってい

遊廓が置かれていた連歌町の少し先にある町の路地裏

る。こたつにもぐりこみ、うつぶせの姿勢でテレビを観ている赤いセーターの女性が「マサちゃん」らしかった。

「はい五千円。三十分たったらまた呼びにくるけん」

差し出した五千円札をウムをいわさずひったくると、婆さんはどこかへ消えてしまった。

「そんなとこに突っ立っとらんで、こたつにでも入んなよ」

いわれたとおりにすると、女性は起き直ってみかんをすすめてくれた。部屋は一間きりの六畳間で、こたつのほかには小さなたんすがある程度。たたきの横にステンレス製の小さな流しが付いている。

「景気はどう、いそがしいの？」

「見ればわかるやろ。このあたりは人もめったに通らんしな」

「ここに住んでるの？」

「一応な」

聞けば彼女は大阪の出身で、以前は飛田新地で働いていたこともあるという。年齢は四十代の半ばくらいだろうか。一年前、人に紹介されてここに移ってきたが、客は一日に一人あればいい方だと投げやりな口ぶりで話す。

「そやけど、向こうにいたときよりもむしろ楽やで。食事は朝晩おばちゃんが運んできてくれるさかい」

　ぜいたくさえいわなければ、なんとかやっていけるということなのだろう。町全体でも女性は十人いるかいないかだという。やがて彼女は「準備するわ」といってこたつから出ると、下着を取り去り、スカートをめくり上げてコンクリートのたたきに下りていく。何をはじめるかと思えば、水道の蛇口から伸びている青いホースをつかみ、股間を洗いはじめたのである。

「冷たそうだね」

「水道はあるけどガスは付いとらんのや……」

　婆さんが呼びに現れたのは三十分をだいぶオーバーして、こちらが部屋に入ってから五十分近く経ったころだった。外はすっかり日が暮れて、裸電球の街灯が路地の暗がりを照らしていた。（二〇〇〇年一月）

連歌町の遊廓跡までは、若松の渡船場から平和通りを徒歩20分。

新地までは渡船場から洞海湾沿いを10分ほど。

小倉

［福岡県北九州市］

戦前までの小倉駅は、現在の小倉駅よりも数百メートル戸畑寄りに位置していた。遊廓が置かれていたのは、旧小倉駅からわずかのところにある「旭町」（現在の「船頭町」）で、昭和初期には三十軒の妓楼が軒を連ねて、同じ町に芸者町も併設されていた。その場所は今、大規模なソープ街になっており、新幹線の車窓からも見渡すことができる。

戦後の赤線時代については、『全国女性街ガイド』に以下のような記述がある。〈小倉では青線が圧倒的。赤坂小梅を出した小倉検番もスッポン級が百名ほど。これは繁華街の旭町界隈。赤線は三本松、大正町、城野町一帯に八十軒、三百七十名ほど〉。「赤坂小梅」は芸妓出身のレコード歌手で、『おてもやん』などのヒット曲があった。

赤線跡を訪ねた夜の出来事

古い町名を頼りに目的の町まで行こうとしても、現在の地図ではほとんど役に立たないことがある。昭和四十一、二年ごろ全国で実施された「町名改正」によって、手がかりとなる町名が変更されているケースが多いからで、地元の図書館で調べてみても、はっきりしないことの方がむしろ多い。そういう場合はもう、町中で中年以上の人をつかまえて質問する以外に方法はないわけである。

けれども幸いなことに、こちらの手元には昭和三十六年発行の『九州市街地図集』（人文社）というB４判の大きな地図帳があり、九州の主な都市に関しては、改正以前の町名を知ることができる。『全国女性街ガイド』に赤線として記されていた町名のうち、「城野町」は今もそのままだが、「三本松」はなくなって「古船場町」の南側の部分になり、「大正町」だった区域は「馬借一丁目」に変更されている。

古い地図帳のコピーを片手に、これら三つの町を歩いてみることにした。

古船場町は都市モノレール小倉線の旦過《たんが》駅から、川沿いの道を左に少し歩いたところにある。新築の分譲マンションやスイミングクラブ、大型のビジネスホテルなどが建ち並び、いかにも再開発されたような一帯なのだが、「無法松」こと富島松五郎の生涯などを記した石碑が川べりにあり、碑文によれば小説や映画の舞台になったころは、付近は木賃宿の多い裏町だったとある。さらに歩くと、川の対岸に古びた飲み屋やラブホテルの多い一画があって、そこまで行くと古船場町という町名ではなくなってしまうが、色町ということでいえばその一画が跡地だという気もする。

旦過駅まで引き返し、大通りを横切ってから古船場町とは逆の方向に歩いて行くと、まもなく馬借一丁目に出る。ここがかつての大正町と思われるのだが、見るかぎりではごく普通の住宅街でしかなく、飲食店や旅館のたぐいも見当たらない。しかしながら、西鉄の路面電車が市内を走っていたころは町の一角に停留所があったようだし、市民の台所である「旦過市場」からも近く、今よりはずっと人通りの多いにぎやかな場所だったのかもしれない。

最後に残った城野町は、モノレールでさらに行ったところにある郊外の町である。同じように路面電車の道筋にあたり、バイパスから少し引っ込んだ旧道に沿って町がひらけている。商店街が飛び飛びに二、三百メートル続いているが、取り立てて変わったところのない街道沿いの商店街で、とてもそのような色町があった場所とは思えない。『全国女性街ガイド』の記述が正しいとすれば、このあたりではなく、どこかに特別な一郭が設けられていたのかもしれない。路面電車が走っていたころは一キロほど先が終点の「北方」で、そこまで行くと目と鼻の先のところに小倉競馬場がある。

午前中から一日かけて歩き、目に見える収穫こそなかったものの、何か仕事をやり遂げたような気分になったこちらは、モノレールに乗って小倉駅まで引き返したのだった。宿泊しているホテルは、駅から数分の船頭町にある。

船頭町は旧町名を「旭町」といい、その昔は遊廓と花柳界があった場所である。敷地の広さは八〇×一五〇メートルほどで、現在はその九割方がソープランドで占められている。店は二十四軒あり、九州では福岡・中洲の六十軒、熊本・中央街の四十軒に次ぐ規模を持つ。ホテルはソープ街の中にあるのだが、立地が面白いだけでなく料金も手ごろなので、小倉に泊まるさいは定宿に決めているのである。

ホテルの玄関から表へ出ると、ソープランドの呼び込みから次々に声がかかる。しかしその晩こちらが向かったのは、船頭町の隣町にあたる京町にある飲み屋街である。「裏風俗」を特集した最近のムック本や雑誌の記事によれば、間口の狭いスナックや小料理屋がひしめく、ちょうど新宿歌舞伎町の「ゴールデン街」のような飲み屋街の中に、女性が小部屋で客の相手をする店があるという。近年は若い女の子も増えて、地元の人たちの人気を集めているとのことである。『全国女性街ガイド』の文中にあった「青線」は、もしかするとこの一帯のことだったのかもしれない。

飲み屋街の路地の入り口に、ポン引きと思われる女性が数人いた。最初に声をかけてきた六十歳くらいの女性によれば、料金は一万円。ふだんは三十分だが、ひまなので四十分でいいという。いつもここに立っているのだからおかしな商売はできっこないし、二十年以上も良心的にやってきたんだと胸を張る。まかせることにすると、路地の中ほどにあるスナックのママさんに引き合わされた。

「めぐみちゃーん」とママさんが呼ぶと、カウンターの奥から女の子が現れた。白地に黒の水玉のワンピース、黒のカーディガンというシックな服装で、髪は長く、身体つきはスラリとしているように見えた。「めぐみ」さんに案内されて急な階段を上り、二階

遊廓が置かれていた「旭町」からほど近い、
客引きがいる飲み屋街で営業していた小料理屋

に行くと、はしごのような階段があってさらに上の階まで行けるようになっている。上りきったところには粗末なドアが二つ並んでいた。右側の方に通されると、中は二畳弱といったところで、赤い電球が灯り、布団が敷きっぱなしになっている。部屋の奥の高い位置に小さな窓が付いていた。

部屋に入るなり彼女は、

「おトイレに行って用意してくるわね。全部脱いでお布団に入ってて」

と、出て行ってしまった。妙な行動だと思ったし、ほかにも腑に落ちない点がいくつかある。上着を脱いだところで思い止まり、布団の上に突っ立っていると、まもなくめぐみさんは戻ってきた。

「あら、脱いじゃえばいいのに、恥かしがり屋さんなのね。あたしも脱ぐから一緒に脱いじゃいましょうよ」

といってめぐみさんはすっかり裸になってしまった。しかし太腿はぴったり合わせたままだし、胸のかたちもどことなく不自然である。

「なんで脱がないのお、遊びに来たんでしょお……」

すでにお気づきかもしれないが、めぐみさんはいわゆる〝ニューハーフ〟だったのである。しかし「お前、本当は男だろ」とはなかなかいえないものである。一生懸命しなをつくって女らしく見せようとしている〝彼女〟に悪い気がしたし、トラブルになって危険な目に遭わないともかぎらない。機転を利かせたこちらはビールを注文して、その間に身支度をととのえてしまった。そして時間がくるまで、部屋にこもった臭いに悩まされながら、「小倉生まれ」だというめぐみさんの身の上話に付き合ったのである。（二〇〇〇年五月）

船頭町まではＪＲ小倉駅から徒歩５分。京町のスナックの料金は本文のとおり。ソープランドは、ほとんどの店が60分1万5千円程度。

［福岡県久留米市］

久留米

久留米市は福岡市、北九州市に次ぐ人口を持つ、福岡県第三の都市である。市内にはJR鹿児島本線と西鉄大牟田線の駅があり、どちらも福岡市から急行で四十分ほど。繁華街に近いのは西鉄の駅の方で、JR久留米駅は町はずれといってもいい場所にある。

戦前、遊廓が置かれていたのは「原古賀町《はらこがまち》」で、昭和初期には妓楼二十三軒に百五十人の娼妓がいた。『全国女性街ガイド』によれば、戦後の赤線は水天宮の膝下《しっか》に四十軒。現在の風俗街は、西鉄久留米駅から一キロ半続くアーケード街を抜けたところにある六ツ門町かいわいで、スーパーダイエーの裏手にファッション・ヘルスが二十軒ほど集中している。

「花畑」に蝶が舞う町

久留米にはこれまでにも何度か行ったことがある。遊廓や赤線などの跡地をそこそこ時間をかけて歩き、図書館の郷土資料室にこもって歴史についても調べた覚えがある。その中でとくに印象深かったのは、明治の半ばごろ、久留米市が町の発展を促すために陸軍を誘致しようとしたさい、条件として軍が市内に遊廓の設置を求めたというエピソードだった。市はそれを受けて候補地を選び、突貫工事で遊廓をつくりあげたとのこと。市側としては商店街や盛り場が活気づくと共に、遊廓を持つことによって多額の安定した税収が見込めるわけで、ようするに双方にとって都合が良かったわけである。

こちらは歴史について全くの素人だが、明治という時代らしいエピソードだと思ったし、軍の士気を維持するためには慰安施設が不可欠という考え方が、そのころすでに生まれていたという点でも興味を引かれた。もちろんその陰には、若い肉体を酷使させられ、利用し尽くされていった女性の存在があるわけだが、こちらはそのことについてあまりとやかくいえる立場ではない。

遊廓が置かれた「原古賀町」は、当時とすれば市街の中心から離れた郊外の町だったのだろうが、今は西鉄久留米駅まで歩いて二十分という立地もあって、大型のマンションがいくつも建ち、ファミリー向けのベッドタウンになっている。それでもわずかに一軒だけ、妓楼の特徴を色濃く残した木造二階建ての建物が残っており、住宅として使われていた。建物は林立するマンションの中に埋没しているだけでなく、家屋の周囲ギリギリまで駐車場が迫り、孤立したような状態になっている。なんとなく撮影するのがためらわれたのだが、それでもカメラを構えるとつい遠慮がなくなってしまい何カットも写していると、見るに見かねたのか向かいのたばこ屋から年配の女性が出てきて、注意こそされなかったもののきつくにらまれてしまった。すぐに立ち去ったのだけれど、振り返ると女性は依然としてにらみ続けている。そんな苦い体験もあって、こちらはますますその遊廓について特別な印象を持つことになったのである。

戦後、市内を代表する赤線があったのは、全国の水天宮の総本社である久留米の「水天宮」の膝下に広がる町だったと、『全国女性街ガイド』には記されている。水天宮は、JR久留米駅から歩いておよそ十五分のところにある。傍らには筑後川がゆったりと流れ、以前は鳥居の前から渡し舟が出ていたという。そのころの名残なのか、渡し舟の乗り場があった場所に、おでんや丼物などを出す昔ながらの食堂が一軒ある。しかし水天宮の近くで店と名が付くものはその一軒だけで、門前のにぎわいはとくに見られない。参詣客は多いようなのだが、今はもうたいていの人はクルマでサッときて、サッと帰ってしまうのだろう。

ひととおり水天宮のまわりを歩いてみたものの、住宅街が続くばかりで、四十軒という規模の赤線があったとはとても想像がつかない。通りがかりの人に聞くのもどうかと思ったので、あきらめて引き返すことにした。

こうして、こちらは久留米の色町についてほとんどわかったつもりでいたのだけれど、最近の「裏風俗」を特集したムック本をみると、意外な場所についてのレポート記事が載っている。遊廓、赤線といった公許の場所ではなく、時代も比較的新しいものなのだが、その成り立ちは興味深いものだった。

一九九九年に発行された『シーズムック・日本裏風俗夜遊び読本』（シーズ情報出版）に収録されているレポートによれば、西鉄大牟田線で久留米からひとつ目の花畑駅の近くに、知る人ぞ知る〝色街ゾーン〟があるのだという。地元の事情通の話として次のように紹介されていた。

〈このあたりは以前、陸軍の兵営のあったところで、軍人さんに会いに来る家族が泊まったり、面談するための旅館がいくつもあったとです。そこでつかの間の家族団らんを楽しんでいたわけですな。戦後になって、それらの旅館はいったん用なしになってしまったのですが、温泉マークになったりしてなんとかしのいでいたようです。そして昭和三十三年に売春防止法が施行されて赤線がなくなると、こんどは女性を置いて客にサービスするところが出てきて、それからなんとなく、今のような形で続いているとです。ぼくらも子供のころは、なしてこげんところに旅館があるのかと、不思議に思うちょりましたよ〉

こちらが花畑の駅に着いたのは午後五時。日が暮れるのが遅い九州とはいえ、すでに薄暮の時間帯である。駅前は踏み切りのすぐ先が五叉路になっており、道路は狭く、車がひしめき合っている。駅前にこれといった新しい建物は見当たらず、古びた家並みがそっくり残っている。付近一帯に再開発の計画があるらしく、「測量のための立ち入り反対」と書かれた、色のあせた看板があちこちに立っていた。ムック本のレポートによれば、五叉路から延びている通り沿いに、それぞれ旅館があるらしい。

なかなか根気のいる作業ではあったが、こちらは七、八軒の旅館を探し当てることができた。旅館はいずれも屋号を記したアクリル製の看板を掲げており、モルタル造りの二階家が多い。道路に面したものもあれば、住宅街の奥で営業しているものもあり、奥にある旅館はたいてい道路ぎわにも看板を出している。看板は派手な色合いのものが多く、屋号も旅館というよりは料亭風である。

目星をつけておいた旅館に向かい、玄関の引き戸を開けると、奥から女将らしき中年の女性が出てきた。

「いらっしゃい、ご指名はありますか」

と、じつに話が手っ取り早い。ないと答えると、「じゃあ、珠美さんと遊んでね。すごくサービスのいい子よ」ということになり、廊下の奥の階段の前で女性と引き合わされた。ラメ入りのセーターに黒いスカートをはいて、長い髪を茶色く染めた「珠美」さんは三十代の後半だろうか。一見して玄人に見える女性である。

二階に上がると、廊下の左右に三つずつドアが並んでいた。建物の中は表から見るよりも古ぼけていて、ドアも年季の入った木製のものである。通された部屋は六畳間で、テレビと座卓、そして布団がひと組敷かれている。円筒型の石油ストーブが焚かれており、部屋の中はかえって暑いくらいだ。

西鉄久留米から一駅目のところにある「花畑」の町では、
このような屋号を掲げる旅館の看板が多く見られた

「お客さん、前にもこの店に来たことはあると？」

初めてだというと料金を説明してくれた。少し考えてから、一番長い四十分のコースに決めると、

「お客さんなら二回はできるでしょうもん。遠慮することなか。私も頑張るけん」

と、ふくみ笑いをしながらいう。この申し出にはまいったが、九州の女性の心意気を見たようで悪い気はしなかったものである。（二〇〇〇年一月）

花畑の「旅館」の料金は、20分8千円、30分1万円、40分1万2千円。六ツ門町のファッション・ヘルスは30分7千円程度。

［佐賀県唐津市］

唐津

昭和五年発行の『全国遊廓案内』によれば、唐津にあった遊廓は二カ所。ひとつは「満島遊廓」といい、妓楼八軒に娼妓が八十人。〈客の希望で芸妓を呼ぶことができる〉とあるから、同じ場所か、あるいはあまり離れていないところに花柳界も存在したらしい。もうひとつは「佐志村遊廓」で、妓楼十軒に娼妓が九十人。同じころ発行された『売春婦論考』でも、満島と佐志、二カ所合わせて十七軒となっている。

戦後はどちらも、いわゆる赤線に移行。『全国女性街ガイド』が当時の様子をこのように紹介している。〈女の街は佐志、満島。約七十軒に二百六十名ほど。殊に満島は虹の松原の明媚な風光を控え、女より条件の味がよい〉。

雨の木綿町かいわい

唐津へは地下鉄福岡空港駅から筑肥線の直通電車が出ているので、空港から直接向かうことができる。所要時間は一時間四十五分。福岡市内を三十分ほどで通り抜けると、電車は地上へ出て、玄界灘を右手に見ながら走るようになる。遠浅の海に点々と小島が浮かぶ有様は、歴史ドラマなどで見る元寇のシーンを連想させて、博多の盛り場からそれほど離れていないにもかかわらず旅情を感じさせてくれる。

やがて電車は唐津湾に入り、観光名所の「虹の松原」の傍らをしばらく走ると、川幅が五百メートル近くある松浦川を渡ってから、いよいよ唐津駅に到着した。

唐津は小さな城下町で、駅から一キロほど離れた松浦川の河口の手前に城がある。河口には長い橋がかけられ、対岸の町へ渡ることができるようになっている。『全国遊廓案内』や『全国女性街ガイド』に書かれている「満島」とは、この対岸の町を指すらしい。町名ではなく通称だったようだが、たしかに、唐津の町中からだと島のように感じる場所である。そこから先は、海岸に沿って三、四キロも続く一面の松林となる。虹の松原というのは、この松林のことを指している。

唐津駅を出て、とりあえず駅の周辺を歩いてみることにした。こぢんまりとしたロータリーの正面にはアーケードの商店街が延びている。といっても通りは狭く、個人商店が中心のいたって地味な商店街である。アーケード街と平行する右側の通りには市場があって、野菜などを並べた露天の店が何軒も出ている。さらに一本右側の通りに行ってみると、ここが盛り場らしくスナックなどの飲食店が目立つようになってくる。そのまた一本右側の通りも、盛り場の続きである。この二本の通り沿いが唐津では一番のネオン街で、町名でいうと「木綿町《きわたまち》」ということになる。通りは二本ともクルマ一台通るのがやっとで、上り下り交互の一方通行になっている。

木綿町の中に一軒、大きな木造の料亭風の建物があった。半ば廃屋のような状態なのだが、凝ったつくりで一部が三階建てになっている。中庭があるらしく敷地もずいぶん広そうだ。地元の人に聞いてみたところ、やはり元は料亭で、だいぶ前に廃業したが、持ち主に事情があってそのまま放置されているという。

連載している雑誌の件もあるので、風俗店がないか注意して歩いていたのだが、そのようなものはさっぱり見当たらない。あきらめかけていると、木綿町のはずれにあたる「札の辻」という場所の少し先に、思いがけずファッション・ヘルスの看板を出している店があった。店はスナックが数軒入った新築のビルの一階にあり、隣はなぜか古びた木造の醤油工場である。店の入り口に女性向けの募集広告が貼り出してあったので見ると、早番が昼の十二時から六時、遅番が夕方の六時から十二時で、「バック」は一人当たり六千円とある。料金は一万一千円と出ているから、おそらくは、客一人あたりの女性の取り分が六千円という意味なのだろう。なんだか露骨だが、逆に駆け引きのない良心的な店という気もした。

そうしているうちに、先ほどからぽつりぽつり降りだしていた雨が急に本降りになってしまった。雷鳴が轟いて風も強まってくる。予定外だったが、雨宿りも兼ねて、そのファッション・ヘルスに入ってみることにしたのである。

ドアを開けると受付のカウンターがあって、中に中年の男がいる。一万一千円を払うと待合室に通された。ほかに客はなく、まもなく呼ばれると、通路で若い女の子が迎えてくれた。

個室は三畳ほどの広さで、ほぼ半分がベッドで占められている。全開にした電気ストーブで部屋は心地よく暖められていた。

黒いサテンのドレスを身に着けた女の子は髪が長く、ほっそりとしている。色白で顔立ちも良く、言葉づかいも丁寧だ。美容関係の専門学校に通っていて、家賃を稼ぐために月に二回か三回、ここでアルバイトをしているという。親友にも話していない自分だけの秘密なのだそうだ。アパートは博多にあって電車で来ているというから、こちらと同じコースで店まで来たわけである。年齢はまだ十九歳ということだった。

「それじゃあ、さっそくですけど……」

というと彼女はドレスを脱ぎはじめた。下着も黒で、きゃしゃな身体つきのわりにはバストが豊かだった。シャワーの設備はないということである。その後のプレイは本番ではなく、オーラル的なものであった。

受付の男に傘を貸してもらい、店を出てから駅裏のビジネスホテルにチェックインした。するとそのまま眠ってしまったらしく、起きたのは夜の九時ごろである。雨は上がり、空には星が出ている。

左が木綿町に残されていた元は料亭だった建物。
突き当たりの通りは「唐津くんち」の通過コースになる

橋のたもとの「札の辻」まで行ってみると、
ファッション・ヘルスが１軒だけ営業していた

借りた傘を持ってもう一度木綿町まで行ってみると、どこから集まってきたのかと思われるほど、通りには大勢の人がくり出していた。まるで先ほどとは別の町のようである。キャバクラらしき店の客引きが何人も立ち、タクシーがひっきりなしに二本の通りを周回している。クリスマスイブを二日後に控えた週末の盛り場は、それなりのにぎわいを見せているようだった。もう一度風俗店を探してみたのだけれど、やはり昼間行ったファッション・ヘルスしか見つけることはできなかった。

翌日はまず、遊廓があった満島まで行ってみることにした。長い橋を渡って対岸の町へ入ると、料亭風の古い建物が三、四軒残っていた。うち一軒は割烹旅館として営業しており、玄関脇に長く続く格子は、京都「島原遊廓」の揚屋「角屋《すみや》」をほうふつさせるほど見事なものである。玄関の前の通りからは、川の向こうにある唐津城の天守閣を見通すことができた。町には観光旅館も何軒かあって、虹の松原を目前に控えた旅館街として今なおにぎわいを留めている様子だった。

もう一カ所の遊廓「佐志」の方はさっぱり見当がつかなかったので、唐津駅の駅前からタクシーに乗ると、親切な年配の運転手が二つ返事で案内してくれた。佐志の八幡宮に近い、なだらかな坂道が遊廓のあった通りで、少し前までは妓楼だった木造の建物が二軒あったそうだ。一見してそれとわかる建物は残っていなかったけれど、それでも当時のものと思われる装飾的な石塀を持つ家が何軒かあり、透かし彫りや凝った石組みなどを見ることができた。

町の出口に鯨の軟骨を使った「松浦漬」という漬物の製造販売所があったので、土産にひと瓶買ってから、バスで駅まで引き返すことにした。（二〇〇一年十二月）

木綿町の先のファッション・ヘルスまではJR唐津駅から徒歩10分。満島までは徒歩30分。
佐志はJR唐津駅から約6キロ。

熊本

［熊本県熊本市］

福岡の「新柳町遊廓」、長崎の「丸山遊廓」と並ぶ九州の三大遊廓と謳われた熊本の「二本木遊廓」は、明治十年ごろ郊外に開かれた新開地の遊廓だった。開業当時の写真を見ると、黒々とした瓦屋根を持つ大きな二階建ての妓楼が、それほど広くない通りの左右に軒を連ねて、店の前には人力車が停まっている。それから少しずつ規模を拡大していき、昭和初期には妓楼七十軒、娼妓の数も七百人を超えていたという。

昭和三十三年、売春防止法が施行されたころ、熊本市内には七カ所の赤線区域があった。記録にある業者の数は、「高田原《こうだばる》」の百三十八軒をはじめとして、「健軍」六軒、「二本木」四十六軒、「石塘」三十四軒、「本荘」十三軒、「石仏」十一軒だった。

「高田原」の八女美人

昭和二十年代、熊本で流行した『火の国小唄』という歌の中に、こんな歌詞があったらしい。

「ここは火の国　火のように燃える　おとこ女の住むところ」

阿蘇を間近にいただく熊本が「火の国」と呼ばれるのはわかるが、「おとこ女」とはまたすごい言葉である。おとこ女というのは、気性が激しく肉体的にもたくましい熊本の女性を指したとのことである。そういわれてみれば、「二本木遊廓」の大店《おおみせ》「東雲楼《しののめ》」の娼妓が団結して楼主に反旗をひるがえし、ストライキを決行して待遇改善を認めさせたという有名な話があるし、近代の女性史においても、熊本県は廃娼運動を推し進めた女傑を輩出した地方として知られているようだ。

熊本空港から乗ったバスが、市の中心部にある辛島町のバスセンターに着いたのは昼ごろだっただろうか。そば屋で「丸天うどん」という、丸い大きなさつま揚げを乗せたうどんをかき込んだこちらは、さっそく近くにあるらしい風俗街を見に行くことにした。

バスセンターの向かい側にあたる「新市街」のアーケード街を数分歩くと、アーケードの途切れた先が「中央街」という町名の町で、そこが熊本のソープランド街だった。隣町の「下通《しもとおり》二丁目」にも一部またがっているものの、店はほぼこの中央街に集中している。ということは、例によってほかのソープ街と同様、昭和四十一年に風営法が一部改正されたさい、この場所がソープランドの禁止除外区域（営業許可区域）に指定されたと考えてよさそうである。

ソープランドは約四十軒営業しており、ファッション・ヘルスも数軒ある。平日の昼間のせいか人通りはほとんどない。ファッション・ヘルスはソープランドから鞍替えしたものが多いとみえて、城の天守閣のような外観なのに、いかにも今風の片かなの店名を名乗っているものがあった。ジェット機を模した大きな看板を掲げたソープランドにも目を引かれた。

敬愛する広岡敬一氏の著書『トルコロジストのせんちめんたるじゃ〜にい』（現代書林・昭和五十六年発行）によれば、刊行当時ソープランドの数は四十六軒で、三年前の十四軒から一気に増えたとある。新規出店が規制されるという情報が流れて、既得権を得るための出店が相次いだものの、需要があったわけではないので女性の数もそれほど多くなく、個室を遊ばせている店が多かったとも書かれている。

ソープ街になっている中央街から下通二丁目にかけての区域は、少し前まで通称「高田原」と呼ばれ、戦後の一時期には市内で最も大きな赤線地帯だったところである。その時代のものらしい建物がソープ街の片隅に一軒だけ残っていた。すでに廃屋になっていたが、複数のドアを持ち、腰回りを一部石張りにした、モルタル塗りの和洋折衷ともいえる建物である。

高田原が色町に変わっていったのは、大正十年ごろのことだったという。西岸寺という寺の東側に料理屋ができて女性を置いたのがきっかけで、いつしか付近一帯が料理屋名義の私娼の町になっていったという。西岸寺は今もあり、中央街はまさにその東側にあたる。当時、正式な遊廓があったのは郊外の二本木町だったが、地の利という点では、

赤線だったころ100軒を超える店があった「高田原」界隈

断然こちらの高田原の方に分がある。おそらくは二本木遊廓の客を奪うかたちで私娼街は拡大していったのだろう。

熊本市内におけるソープランドの営業許可区域が選定されるさい、高田原が選ばれたのは、最大の赤線だったという実績から自然な流れだったのかもしれない。しかし、ほんの偶然にすぎなかった可能性だってある。戦後やはり赤線地帯のひとつになっていた旧二本木遊廓の方は、売春防止法が施行されたあと、もっぱら旅館街として再起を図ったという。しかしうまくいったとはとても思えず、空き地が目立つ現在の様子を目の当たりにすると、高田原ではなく二本木の方がソープ街になっていたら……と、こちらはつい想像してしまう。

ソープ街をひととおり見たところで向かったのは、ソープランドではなく、一軒のファッション・ヘルスだった。ソープは数が多すぎて店ごとの特徴がつかめずにいたので、ヘルスの方でとりあえず様子を見ようと考えたわけである。

「あんたァ、どぎゃんしたと。昼間からこげな荷物ば持って、どこかへ行きなさるつもりか。ひげまで生やして、あんたァ、もしかして住所不定ちゅうやつかね」

たしかに、大きなバッグをかかえて昼間からヘルスに来るというのも変わった話ではある。しかし、いきなりポンポンいわれるほどのことでもないと思った。

付いた女の子は「観月《みづき》」といい、年齢は二十三歳。なかなかの美人である。卵型の輪郭に切れ長の瞳、とがった鼻、眉は濃くキリリとしていて、唇のかたちもいい。外見的にはこれといって欠点が見当たらない。ただ少々口が悪いのが難といえる。

お互い服を脱いで、ガラスで仕切られた浴室に移動した。浴室には広いバスタブが付いている。ソープランドでよく見る座面の中央に溝のある金色の椅子も置いてある。たぶん、少し前まではこの店もソープランドだったのだろう。観月はよく成熟した、見事なプロポーションの持ち主でもあった。

「何ジロジロ見ちょる。住所不定のお兄さんの体をば、きれいにしてあげるたい」

そういって、またポンポンと言葉をかけながらスポンジで体を洗ってくれたのだが、洗い終えてシャワーで石鹸を流すと、急に彼女は話すことをやめて、サービスをはじめたのである。上目づかいでこちらと目を合わせると、そのまま視線を離さずにいる。きつくこちらを見据えた表情は、ネコ科の猛獣を思わせた。見え透いた演出だとは思ったが、美人だけにそれが様になっている。こちらも、彼女が仕掛けたこの演出に乗ってみることにしたのである。

それからの三十分間という時間は、大げさにいえば、これまでの人生の中で最も濃密な三十分間だったといっても言いすぎではないような気がする。こちらは翻弄され続け、ついに屈服したのであった。

熊本の女性かと思って聞いてみると、出身は福岡県の八女《やめ》市だという。宝塚出身の女優、黒木瞳と同じ「黒木町」という山あいの町の生まれだと話す。八女といえば、大分の日田とともに、九州では美人郷として知られている地方である。しかし彼女を見るかぎり、〝男おんな〟を生む土地柄でもあったようだ。（一九九九年二月）

ファッション・ヘルスの料金は45分1万2千円。
ソープランドの料金は60分1万7千円から2万2千円程度。

〔鹿児島県鹿児島市〕

鹿児島

鹿児島市内には戦前まで「沖の村」と呼ばれる遊廓があった。明治の中ごろ甲突川の河口近くにつくられた新開地で、昭和五年発行の『全国遊廓案内』によれば、そのころ妓楼二十三軒に娼妓は三百五十人余り。正式な町名は「塩屋町」だった。戦災で焼失し、戦後はいわゆる赤線に移行。その時代の建物が今も数軒、わずかに当時の名残を留めている。町名改正によって、昭和四十年代からは甲突町という町名になった。

『全国女性街ガイド』には、赤線として沖の村のほか、「伊敷」という場所についても触れられているが、〈ほかに「いしきはらら」の唄の文句に出てくる伊敷にも赤線があり、ここも気分がいい〉とある程度で、詳しい場所などは記されていない。

旅路の果ての色里めぐり

鹿児島県を代表する民謡に『小原節』がある。「花は霧島　たばこは国分　燃えてあがるは　オハラハア桜島　ハ、ヨイヨイヨイヨイヤサト」と書けば、思わずメロディーが浮かんでくるのではないだろうか。メロディーのルーツは宮崎県の『やっさ節』という民謡で、これが鹿児島市の西郊にあたる伊敷町字原良《はらら》の花柳界に入り、新しい歌詞が付けられて『小原良節《おはらぶし》』として広まった。したがって、本来は『小原節』ではなく『小原良節』なのだが、鹿児島弁によく見られるように言葉が詰まったように短縮されて、あるときから『小原節』になったということである。

それはともかく、『小原節』にはこんな歌詞も出てくる。

「雨の降らぬのに　草牟田《そんだ》川濁る　伊敷原良の　オハラハア化粧の水」

お座敷で唄われたということから考えると、おそらくは、芸妓たちが化粧に使う水で川の水まで濁った、というような意味なのだろう。当時の花柳界の活気が偲ばれる威勢のいい歌詞である。この歌詞からすると、「伊敷原良」の「草牟田川」なる川のそばに芸者町があったと推察することができるのだが、残念ながら地図にはその名前の川は出ていない。しかし「原良町」という町名が今でもあるから、ヒントとしては十分である。

残暑のさなか、JR西鹿児島駅（現・鹿児島中央駅）に着いたこちらは、とりあえずタクシーで原良町まで行ってみることにした。

すると幸いなことに、たまたま乗った車の運転手が伊敷方面の出身で、事情を話してみると、『小原節』のことも花柳界のこともある程度ならわかるという。「小原節発祥の地」という石碑があるというので、まずはそこまで行ってもらうことにした。

市内を流れる甲突川に沿った道路を上流の伊敷の方向にしばらく走り、左に折れて川を渡ると、町名が原良町に変わる。とはいえ、車の窓から見えるものは、学校、団地、ゴルフの練習場など色気とは縁のない建物ばかりである。それでもさらに走ると、商店や飲食店が向かい合っているいくらかにぎやかな通りに出た。製造元を兼ねた和菓子屋の店先に、「小原節発祥の地」と書かれた簡単な石碑が建っている。店が宣伝のために勝手に建てたものだと運転手はいうが、まあ、だいたいこのあたりということなのだろう。柔らかな物腰の運転手はこちらと同年代か、やや上といったところである。花柳界があったとすれば、これも自信はないが、先ほど通った中学校の近くではないかという。校庭の脇の道路はもともとあった堀を埋め立てたもので、以前は堀の土手沿いに柳の木が植えられていて、料理屋風の古い家も見た覚えがあるという。運転手が子供のころの話だというが、その堀が「化粧の水で濁った草牟田川」と考えられないこともない。

石碑の写真を撮ってタクシーに戻り、こんどは『全国女性街ガイド』に書かれていた伊敷の赤線について尋ねてみると、しばらく考えてから、「赤門のことですかねえ」という。原良町から甲突川沿いの道をさらに一キロほど先に行った「玉江橋」の近くに、通称「赤門」と呼ばれる飲み屋や旅館の集まった一画があったらしい。ただし、道路を広げるときに区画整理されてもう名残はないという。

本来ならそのあたりも歩いてみるべきなのだろうが、あっさりとあきらめたのは、暑さと強い日射しのせいで早くもバテ気味になっていたからである。伊敷の花柳界と赤線については後々の宿題ということにして、西鹿児島駅まで引き返してもらうことにした。

鹿児島市内にはＪＲ鹿児島本線の駅が二つある。古びた駅舎の鹿児島駅は鹿児島港や官庁街に近く、旧市街の中心といった印象。一方の西鹿児島駅は近代的な駅舎で乗降客も多く、現在はこちらが市の中核をなす駅になっている。両者は市電で結ばれ、二つの駅の中間あたりに位置する「天文館」という地区が繁華街になっている。ショッピング街に加えて、鹿児島一のネオン街が広がり、ピンサロやストリップ劇場もある。

かつて遊廓が置かれていた「沖の村」は、天文館から二キロほど離れたところにある。歩いて行けないこともないが、その夜はタクシーを利用することにした。「裏風俗」を特集した最近のムック本によれば、沖の村遊廓のあった甲突町の旅館の中には、待機している女性が客の相手をするところがあるのだという。そのことに関して、タクシーの運転手なら、何かしら情報を提供してくれると考えたわけである。

市電の天文館停留所のそばに、ドアを開けて客待ちをしているタクシーが停まっていた。運転手は年齢五十歳くらい。鼻筋の通った役者顔に黒ぶち眼鏡をかけて、熱心に新聞を読んでいる。乗り込んでみて驚いたのは、その新聞が英字新聞だったことである。

「甲突町の、旅館が並んでいるあたりまで」というと、あわてて新聞をたたみ、車を出してくれた。

「お客さん、どちらからですか。東京じゃないですか」

そうだというと、運転手は懐かしそうな表情を浮かべて、聞かないうちから自分の身の上を話しだす。十年前までは東京にいて、飯田橋の印刷所でカラー製版のスキャナーを扱う仕事をしていたという。あるいはこちらをマスコミ関係の職業と踏んで、そんな話をはじめたのかもしれない。話の合い間をみて、本題の旅館の件を切り出してみた。

するとと運転手は、「あそこは年寄りばかりだから、とにかくやめた方がいい」という。そしてホテルに女性を呼ぶ「ホテトル」遊びをすすめてくるのは、このかいわいのタクシーに共通する特徴である。なぜなら、たいていの運転手がホテトルの業者と契約していて、客を紹介するごとにマージンが入る仕組みになっているからである。

それでも、ぜひ行きたいと突っぱねてみると、ついに折れて、やがて車は旅館が点々と並ぶ広い通りに入っていく。「できるだけ評判のいい、若い子のいる店に行ってくれ」と、さらに注文をつけてみると、無理な申し出にもかかわらず、運転手は妙案を思いついて、それを実行に移してくれたのである。

運転手が考えた方法はこうである。まず彼が一人で旅館に入っていって声をかける。遣《や》り手婆さんではなく客の相手をする女性が出てきたところで、うしろに控えているこちらに目くばせをして、こちらはすばやく女性の顔などを確認する。だめだったらこちらはとぼけて立ち去り、彼がその場を取り繕うというもの。

言葉に甘えてそのとおりのやり方で三軒回ってみたところ、旅館はいずれも商人宿風のものばかりで、出てきた女性は三人とも五十代から六十代。若いころはかくやと思われる容姿の女性もいたが、何ぶんにも客商売をするには年齢がいきすぎている。

疲れを覚えたこちらは運転手に礼をいい、チップを多めに渡して、とにかく車から降りることにしたのである。

鹿児島に滞在した最終日。宿泊していた西鹿児島駅前のホテルをチェックアウトしたこちらが向かったのは、ＪＲ日豊本線で四十分の隼人駅だった。駅前からタクシーに乗り、「Ｓ温泉まで」と行き先を告げた。Ｓ温泉は霧島高原へ通じる山道に沿って連なる温泉のひとつで、さらにひと山越えたところには鹿児島空港がある。温泉旅館で休憩して旅の垢を落とし、夕方の便で東京に帰ろうと考えたわけである。

鹿児島県の風俗に関する資料を調べていると、温泉旅館の仲居がその方面のサービスもしてくれる、といった内容の話がよく出てくる。昭和二十年代から三十年代にかけては、そんな温泉地が県内に十カ所近くあったということだ。中でも桜島の「古里温泉」はそのはしりで、最もよく知られていたらしく、『全国女性街ガイド』にも次のような記述がある。〈風光は明媚、林芙美子の故郷というので名付けて古里温泉。ここは桜岳園ほか宿の女中さんが全員深夜業に参加する〉。また、今回行くＳ温泉の手前の日当山《ひなたやま》温泉と安楽温泉でも、同じような習慣があったと書かれている。運転手に聞いてみると、若いころ安楽温泉で遊んだこともあるが、ずいぶん昔の話で、そういったことを客に質問されること自体二十年ぶりだという。

昭和四十年に発行された『にっぽん湯どころある記　粋人博士の温泉随筆』（岡部寛之著／芸文社）は、経済学博士でもあった著者が全国四十カ所以上の温泉地を訪ね歩いたもので、単なるガイドに留まらず、芸妓や酌婦などを宿に呼ぶ場面が必ずといってもいいほど登場してくる。鹿児島県内の温泉もいくつか紹介されており、S温泉にも岡部氏は足を延ばしている。氏が泊まった宿は渓流沿いに建てられた一軒宿で、到着すると仲居が三人並んで出迎えてくれたという。部屋に向かう途中にも仲居が数人、化粧をして待ち受けており、それらはすべて「顔見せ」だったとある。

S温泉はこの本に書かれているとおり、道路から一段下がった渓流沿いにあって、こちらが休憩した旅館も一軒宿だった。部屋に案内してくれた仲居さんは五十代の後半といったところだろうか。部屋はこざっぱりとした八畳間で、石造りの内湯が窓際に設けられており、入浴したまま景色を見ることができるようになっていた。

二、三時間したらタクシーを呼んでくれというと、

「東京の人はいそがしいですものねえ」

と、仲居さんはしきりに同情してくれる。美人で愛想も良かったので、「ずいぶんも

隼人駅から霧島高原に続く山道沿いには、
いくつもの温泉地が点々と連なっている

てたんでしょ」といってみると、「一度結婚して子供もできたが、今は〝バツイチ〟なんですよ」と話に乗ってくる。指宿の生まれで、地元の温泉旅館のほか、桜島の古里温泉で仲居をしていたこともあるという。いろいろ聞きたいことはあったのだけれど、言いだしかねているうちに彼女は下がってしまった。

注文したビールが届くまでの間に、窓からの景色を撮影した。ツクツクボウシが数匹、まるで夏の終わりを告げるかのようにせわしなく重奏を奏でている。ときおり加わる「シャワシャワ」という特徴のある鳴き声はクマゼミだろうか。耳を澄ますとせせらぎの音も聞こえてくる。湯殿に下りて浴槽の蛇口をひねると、勢いよく湯が噴き出してきた。（二〇〇〇年九月）

遊廓があった沖の村までは天文館からタクシーで5分。「旅館」の料金は1万円。沖の村に4軒あるソープランドは60分1万8千円から2万円まで。

〔文庫版増補〕

青森、弘前、函館、札幌、苫小牧再訪

変わり行くもの、変わらぬもの

十年前に刊行した『消えた赤線放浪記』を文庫本化するお話をいただき、新たに増補の一章を加えることになった。あれこれ迷った末、青森、函館、札幌を中心に再訪するコースを選んだ。前回の取材から十数年。それぞれの盛り場は変化したのか、それともあまり変わっていないのか、駆け足で見て歩くつもりである。

青森までは新青森まで延長された東北新幹線を利用した。全席指定ながら、三列シートの中央の席で見知らぬ男二人に挟まれて過ごす三時間二十分は、正直つらいものであった。窓側にいた関西弁を話す老人の携帯電話に悩まされた。通路側の若いサラリーマンはしきりにパソコンのキーボードを叩いている。間の悪いことに二、三日前から風邪をひいてしまい、薬でごまかしている状態でもある。ともあれ午後三時ごろＪＲ青森駅に到着。駅を出るとすぐ線路沿いに進み、「第三新興街」の飲み屋小路に向かった。歩くことわずか三、四分。途中にあるはずの「市場団地」が公園になっていることには驚かされたが、幸い、第三新興街と書かれた古めかしい看板も、二列になっている飲み屋小路も健在だった。小路を抜けたあたりの飲み屋街も店の数こそだいぶ減っていたものの、依然として時代に取り残されたような場末の気配を漂わせている。以前ポン引きに連れて行かれた「アモーレ」という風俗店の建物はまだ残っていたが、看板は取りはずされており廃業したようだった。木造のアパートを改造したような「青森ＤＸ劇場」というストリップ劇場も、「紫式部」という名前の一軒家式の風俗店もなくなっている。取材中使うことにしているコンパクトデジカメの練習も兼ねて、盛り場の周囲にある市場の様子なども一応見て歩いた。そうしているうちに陽も傾き、夕方の五時近くになったのだけれど、町にポン引きらしき人影は見当たらない。予約しておいたビジネスホテルでひと休みすることにした。ホテルはここからすぐのところにある。

八時に出直してみると、当然のことながら町の様子はすっかり変わっていた。第三新興街の入り口にある「サロン」の看板を掲げた店は営業を開始し、歯抜け状態ながら小路の中に全部で七、八軒あるスナックや小料理屋には灯がともっている。店の中からは年配客らしいカラオケの声も聞こえてくる。小路の先の飲み屋街はほとんど暗がりになっていたが、以前からある「メルシーハウス」という店だけが派手な看板をピカピカ光らせていた。その先はちょっとした十字路になっていて、このあたりまでくると完全に闇が支配するようになってくる。数少ない街灯の明かりだけが頼りである。そしてそれを

「第三新興街」の飲み屋小路を抜けた先に広がる飲食店街。
JR 青森駅から数分のところにある

計ったかのようにポン引きが現れた。前方に誰かいるのは少し前からわかっていたのだが、あわてて引き返すわけにもいかない。角のところでまともに顔を合わせることになった。

「だんなさんパチンコですか。遊びの方はいかがですか」

それほどの年ではなく、四十代半ばぐらいに見える体格のいい男だった。この裏通りの細い道は、盛り場に隣接して最近建てられたパチンコ屋の裏口に通じているのである。

「今日は仕事の帰りなんで、またネ」

そういってみるとそれ以上話しかけてはこない。本当は「遊び」の料金を聞きたかったのだが、そんなことをいったらどこまでも付いてくるのは目に見えている。期待を持たせ過ぎるのも申し訳ない。こちらにとってポン引きの存在を確かめられたことが何よりの収穫だった。駅からわずかの場所に光と影のうちの影の部分、それもちょっとおそろしいほど真っ暗な一郭が残っていて、その場所を生業《なりわい》の舞台としている人たちがまだいることを確かめることができたわけである。ポン引きは少なくともあと一人はいて、そちらの男は駄菓子や乾物の卸売り店が並ぶ通りまで出て通行人を口説いていた。そこから近い、駅前大通りに面した大型商業施設「アウガ」の向かいにある飲み屋小路の前にも、年季の入った女性の客引きが二人出ていた。

第三新興街を中心とする盛り場は町名でいうと「古川」。昭和六年発行の公的資料『公娼と私娼』（内務省警保局・編）によれば、そのころ古川には私娼を置く店が十八軒あって、私娼の数は五十四人。表面上の業種は料理店だったとある。古川は範囲が広く、現在の盛り場と重なっているとは限らないが、その可能性は高いとみていい。だとすれば少なくとも八十年以上、同じ場所で同じような業態が続いていることになる。わずかに残った業者もさきほどのポン引きも、一種の地場産業（？）の後継者といえないこともないわけである。

翌日は函館のホテルを予約していたが、少し無理をして弘前にも寄り道をすることにした。七、八年前、一度歩いた時にどうしてもたどり着けなかった「赤線跡」を確認してみたかったのと、最近情報を得た女性を呼ぶことができる「旅館」を実際に見たかったからである。弘前まで出かけながら弘前城や桜のさの字も出てこないのは、これはこれで一種の色魔といってもいいだろう。奥羽本線の車中で老人たちの津軽弁を聞けたのが何よりうれしかった。

体調がいまひとつとはいえ、昨日に比べるとそういった場所を歩いたり写真を撮ったりするさいの勘が戻ってきたせいか、気分的にはずいぶん楽になっている。市街の北方、熊野奥照宮神社の門前にあるK町の赤線跡と思われる通りを確認することができたし、弘前鉄道大鰐線、中央弘前駅にほど近いK町に二、三軒残っていた旅館も見ることができた。旅館は住宅街の中に埋没しており、外観もごく地味なものだった。近所に住んでいても、よそから越してきた人だったらとくに教えられないかぎり、そのような営業が行われているとは気づかないのではと思われた。久留米の花畑という町に点在していた旅館にたたずまいが似ていた。

弘前を二時前に出る奥羽本線に乗車。途中、新青森で海峡線に乗り換え、五時前に終点の函館に到着。駅前のビジネスホテルで旅装を解いて、若松町にある「セキセン」と呼ばれていた盛り場に向かった。以前は駅前から続く電車通りを左折して柳並木の通りをしばらく歩き、ようやくたどり着いたおぼえがあるのだが、駅前ロータリーが左の奥の方まで大幅に拡張されていて、拡張されたロータリーを抜けて行くとあっけなく目的地に着いてしまった。

およそ一五〇メートル四方を占めていたセキセン一帯は再開発が完了間近とみえて、東側の半分はすでに広大な更地になっている。ヘルメットをかぶって測量をしている人たちの姿も見える。西側もほとんどが急づくりの駐車場になっているが、東側と西側の境目のあたりにほんの一列だけ古い建物が残っていた。見覚えのある質屋と旅館がまず現れ、その先にはスナックや小料理屋の看板を掲げた店が十軒ほど。どうやら「五百円街」という名の建て込んだ飲み屋小路の片側だけが、かろうじて残ったようである。ほとんどの店は廃業したように見えるが、わずかに営業中と思われる店もある。十五年前に一度入って厚底靴の女性と出会った小料理屋風の店もそのうちの一軒で、懐かしいことに店名や表構えも当時のままだった。

再開発が完了間近だった函館・若松町の盛り場「セキセン」。
かろうじて残った「五百円街」を巻頭口絵の３ページ目と同じアングルで撮影してみた。正面に見える電柱と突き当たりの植え込みは当時のまま

セキセンの始まりが遅いことは知っていたので、隣接する松風町に足を延ばしてみることにした。戦前までは大遊廓、戦後は赤線の町になった大森町の手前にある松風町は、一本のだだっ広い通りを中心に、交叉する数本のこれも広い通りからなる大雑把な構造の町である。遊廓の往き帰りの客などで大いににぎわい、かつては函館を代表する盛り場だったらしい。北島三郎のヒット曲『函館の女《ひと》』の歌詞の中でも、主人公が慕う女性が働く町という設定になっていて、「灯りさざめく　松風町は」という一行があるほどである。作詞をした星野哲郎氏が実際に現地に赴いたかどうかはわからないが、少なくとも詞が作られた昭和四十年ごろには、松風町が歌の内容にふさわしい盛り場だったのだろう。十五年前にもそういった時代の面影が多少に残っていて、飲み屋の数もそれなりに多く風俗店も見られたのだが、今はもう寂れ方に拍車がかかった感じで、飲食店の代わりに「マクドナルド」や「しまむら」「ツルハ」といった郊外型の大型店舗が目立つようになっている。

そうしているうちに大森町にさしかかると、遊廓があったころ、大門が建っていた場所に着いてしまった。すぐ右側に迷路のようなスナック街があったはずなのだが、見当たらないということは何か大きな建物に吸収されてしまったのかもしれない（十五ページの「北海道編」の扉写真参照）。しばらく行くとコンビニが見えたので夕食のおにぎりなどを買い込み、いよいよ引き返すことにした。十月の中旬とはいえ、セーター、ジャケットの上にコートを着込んでちょうどいいくらいの冷え込み方である。松風町を通り抜けて若松町のセキセン地区に入ろうかというあたりで、前方に立ってこちらを見ている女性の姿が目に入った。どうやら客引きのようである。

「お兄さん！　一杯飲んでってよ」

赤っぽい派手な身なりに厚化粧の女性はこちらと同年輩ぐらいだろうか。頭のてっぺんでまとめた髪型といい、年格好といい、だいぶ前に『帰ってこいよ』をヒットさせた歌手の松村和子に雰囲気が似ていた。

「どうせ遊びの方なんでしょ」といってみると、遊んでもいいし飲んでもいいとのこと。三、四千円だからとにかくまず一杯飲んでいけという。人柄は好ましく思えたが、こちらは朝から歩きづめで、すぐに倒れこみたいほどの状態である。泊まっているホテルの名前を聞かれたので告げると、それならすぐ近くだから、ぶら下げている袋の中の物を食べ終えたら遊びに来いと念を押してくる。セキセンではなく松風町側にあった彼女の店の前まで連れて行かれたものの、案外あっさりと解放してくれた。セキセンに最後まで残った何軒かの店にも灯りがともっており、店名が変わっていなかった小料理屋風の店も思ったとおり営業していた。

期待を持たせるような書き方をしてしまったのだけれど、結局、教えられた松風町の店には行かずじまいに終わってしまった。もし行っていたら、どんなにか面白い話が聞けて、興味深い報告ができたことであろう。しかし青森でもそうだったように、この地域で長らく続けられていた業態が変わらずに生きていることを確かめられただけでも、こちらにとっては収穫だった。青森同様、続けようという意志を持った人たちがいるかぎり、そう簡単にはなくならないのだろう。それにしても今の時代、それほど稼げるとも思えず、世間体も芳しいとはいえないこういった職業にこだわり続けるのはなぜなのか。大向こう狙いの言い方をするならば、土地にはそれぞれ因縁のようなものがあって、当人たちの意志とは関係なく、逆に土地に染み付いた因縁が彼らを操って続けさせているのではないか、そんな気取った言い回しで結論を急ぎたくもなるのだが、冷静に考えてみると、筆者にしたところでもう三十年以上にわたって、彼らと同じように収入も世間体もあやふやな職業を続けているわけである。理由はといえば、つぶしがきかずほかの仕事はつとまりそうもないから、といった程度のものである。青森のポン引きの男もさっきのおばさんも、似たり寄ったりの理由なのではなかろうか。

翌日はまず五百円街に残った建物をじっくりと撮影した。以前は盛り場の一角にその筋の事務所などもあって、たとえ日中でもカバンからカメラを取り出すのに勇気がいる場所だった。「カレン」という廃業したスナックの玄関先に猫が一匹いてしきりに媚を売ってくる。十五年前、カバンから一眼レフのニコンFM2を取り出して決死の思いで撮影した時も、ほとんど同じ位置に同じような、雌の雉のような柄の猫がいたことを思

「五百円街」の中ほどに残されていた建物。
店はすでに廃業している

い出した。あるいは末裔なのでは、とそんなことを思ったりもした。

松風町から大森町の外れまで歩き、大森稲荷神社を抜けて津軽海峡の海を見た。駅まで引き返し、十二時二十九分発の函館本線「スーパー北斗」に乗車した。車中では「鰊みがき弁当」という駅弁をいただいた。茎わかめを敷き詰めた飯の上にみがきにしんと数の子を載せただけの豪快な弁当で、これが今回の旅行中唯一のグルメらしきものになった。札幌まで三時間半の長旅だったが窓側の席に座ることができたし、途中二、三人隣り合わせた乗客も常識的な人間ばかりだった。

ここまで三日間、あまり人とすれ違うことがないような場所ばかり歩いてきた身にとって、JR札幌駅から地下鉄の改札口に向かう長い地下道に並ぶ広告の列と光の洪水、人の波は、違和感を感じるどころか恐怖さえおぼえるものだった。豊水すすきの駅に近いビジネスホテルで旅装を解くと時刻は五時少し前。今晩中に月寒方面と豊平橋方面の二カ所を回らないといけない。まずは地下鉄東豊線に乗り込み、四つ目の「月寒中央」で下車。目指す飲み屋街は歩いて二、三分のところにある。一本の通り沿いにびっしりと店が並ぶ様子に変わりはなかったものの、呼び込みと交渉した風俗店は見当たらない。廃業して何か別の店になってしまったらしい。突き当たりを左に曲がったところにあった古風なピンサロもなくなったようである。ざっと一回りしただけだが、風俗関連の店は消滅してしまったように見えた。

豊平橋の手前に並ぶ廃業した二棟の「会館」。右隣はラブホテル

豊水すすきのまで戻り、大通りを徒歩で豊平橋の方向に向かった。およそ十五分で橋の手前にある二棟の「会館」の前に到着。「五条東会館」「カネマツ会館」どちらの建物も残っていたが、事前に情報を得ていたとおり営業はしていないようだった。日本酒なら一升、ワインだと二、三本は空にしないと寝つかれない、と話した女性と同伴したラブホテルだけが、人気《ひとけ》のない通りに向かってまぶしい光を放っている。周囲に点在していた粗末な造りのスナックや一杯飲み屋は一軒残らず消えていた。今はもう、このあたりに暮らす人以外、ほとんど出入りのない静かな町になったようである。

目的を果たしてしまうと、もう一歩も歩きたくないほどの疲労が襲ってきた。個人的な事情になってしまうが、身長一六三センチに対して体重わずか四三キロ。体脂肪率三パーセント。あれこれ検査をしても原因が突き止められないでいる体重の減少に悩まされているこちらは、ふだんからあまり踏ん張りがきく方ではない。あらかじめ予想していたこととはいえ、旅程を欲張りすぎてしまったようだ。

翌日は最後の目的地である苫小牧へ。海辺にある浜町の遊廓跡探訪は省略して、王子製紙の工場に面した盛り場、錦町へ直行した。ここでも風俗店は消滅しており、容赦ない時代の流れを感じることになった。前回、時間をつぶすために入った「鶴丸デパート」も廃業したらしく、古めかしい四階建ての建物はもう見当たらなかった。(二〇一五年一〇月)

あとがき

各地の遊廓や赤線の跡、および盛り場の取材、執筆にあたって参考にさせていただいたのは、過去に刊行されたいくつかの書籍と、雑誌などに書かれた記事の数々である。わけても昭和初期に相次いで刊行された『全国花街めぐり』（松川二郎著／誠文堂）、『全国遊廓案内』（日本遊覧社）と、戦後の赤線の時代に刊行された『全国女性街ガイド』（渡辺寛著／季節風書店）には、今回もお世話になりっぱなしだった。この三冊の本なしには、遊廓、赤線の取材は成り立たなかったはずである。

また、赤線後の時代については、有紀書房から昭和四十一年ごろ刊行された当時の盛り場に関する三部作（『全調査京阪神周辺　酒・女・女の店』など）を、最も参考にさせていただいた。いずれも編集、執筆された方々の苦心が伝わってくるような労作である。また、『あじ・やど・おんな』（福村弘二著／東栄堂）、『粋人博士の温泉随筆』（岡部寛之著／芸文社）の両書も、昭和四十年ごろ、著者の方々が単身全国の盛り場や温泉地を訪ね歩いたもので、当時の風俗を記録した単行本として出色といえる。

そして、忘れてはならないのは、『トルコロジー』（晩聲社・昭和五十三年発行）をはじめとする広岡敬一氏の多くの著作である。卓越した内容もさることながら、先駆者として、こういったジャンルを取材、執筆するにあたっての指針を示してくれた。昨年、鬼籍に入られたのは残念なことだが、遺された著作の数々は今後も生き続け、新しい読者を得ることだろう。

さらには、地方自治体が発行した市史の中にも、遊廓の変遷や女性史に関する労作といえる記述が多く見られ、地方の図書館などでそれらに出会い、さっそく取材の参考にさせていただいたことが何度もあった。多くは無記名の執筆者の方々にも感謝の意を表したいと思う。

最後になりましたが、雑誌掲載時にお世話になったＫＫベストセラーズの岩瀬佳弘氏。きめ細かな作業で著者をフォローしてくださったミリオン出版（現・フリー編集者）の山崎三郎氏。本書を美しく仕立ててくださったブックデザイナーの中山銀士氏に、この場を借りて感謝の言葉を申し上げたいと思います。ありがとうございました。

平成十七年五月

著者

文庫版あとがき

今思えば、西暦二〇〇〇年をはさんだ何年間かの時代は、正統ではなく異端なもの、平凡ではなく毒をはらんだものが好まれる稀有な時代だった。そういったおそらくは世紀末特有の気分にあおられ、風にも乗った「裏風俗」のブームは、各地に残る赤線、青線由来の性風俗にスポットライトを当てることになった。しかしながらジャーナリズムが喧伝した分、かえって寿命を縮めることにもなってしまったようである。他人事ではなく、こちらもまた重大な責任者の一人である。

念願でもあった文庫本による復刊を実現していただき、再訪の機会を設けてくださった筑摩書房編集部の髙橋淳一氏に、心より御礼を申し上げます。

平成二十七年十二月　　著者

本書は二〇〇五年六月、ミリオン出版から刊行された。

ちくま文庫

消《き》えた赤線放浪記《あかせんほうろうき》
その色町《いろまち》の今《いま》は……

二〇一六年二月十日　第一刷発行

著　者　木村聡（きむら・さとし）
発行者　山野浩一
発行所　株式会社　筑摩書房
東京都台東区蔵前二―五―三　〒一一一―八七五五
振替〇〇一六〇―八―四一二三
装幀者　安野光雅
印刷所　株式会社精興社
製本所　株式会社積信堂

乱丁・落丁本の場合は、左記宛にご送付下さい。
送料小社負担でお取り替えいたします。
ご注文・お問い合わせも左記へお願いします。
筑摩書房サービスセンター
埼玉県さいたま市北区櫛引町二―六〇四　〒三三一―八五〇七
電話番号　〇四八―六五一―〇〇五三

ISBN978-4-480-43336-7 C0136